郑怀贤武学思想研究

ZHENGHUAIXIAN WUXUE SIXIANG YANJIU

主编 赵 斌 王明建

西南交通大学出版社
·成都·

图书在版编目（CIP）数据

郑怀贤武学思想研究 / 赵斌，王明建主编. —成都：西南交通大学出版社，2017.6
ISBN 978-7-5643-4900-4

Ⅰ. ①郑… Ⅱ. ①赵… ②王… Ⅲ. ①郑怀贤（1897－1981）– 武术 – 学术思想 – 文集 Ⅳ. ①G852-53

中国版本图书馆 CIP 数据核字（2017）第 113410 号

郑怀贤武学思想研究

主编 赵 斌 王明建

责任编辑	邹 蕊
助理编辑	宋浩田
封面设计	严春艳
出版发行	西南交通大学出版社 （四川省成都市二环路北一段 111 号 西南交通大学创新大厦 21 楼）
发行部电话	028-87600564　028-87600533
邮政编码	610031
网址	http://www.xnjdcbs.com
印刷	四川煤田地质制图印刷厂
成品尺寸	170 mm × 230 mm
印张	12.5
插页	4
字数	226 千
版次	2017 年 6 月第 1 版
印次	2017 年 6 月第 1 次
书号	ISBN 978-7-5643-4900-4
定价	62.00 元

图书如有印装质量问题　本社负责退换
版权所有　盗版必究　举报电话：028-87600562

郑怀贤先生

郑怀贤先生演练"飞叉"绝技

郑怀贤先生参加1936年第十一届柏林奥运会武术表演。(右二：郑怀贤)

郑怀贤先生"八卦掌"拳照

郑怀贤先生与王树田对练枪术

郑怀贤先生与习云泰"形意拳"对练

郑怀贤教授指导"一代猴王"肖应鹏练习猴拳

20世纪70年代郑怀贤先生指导学生训练

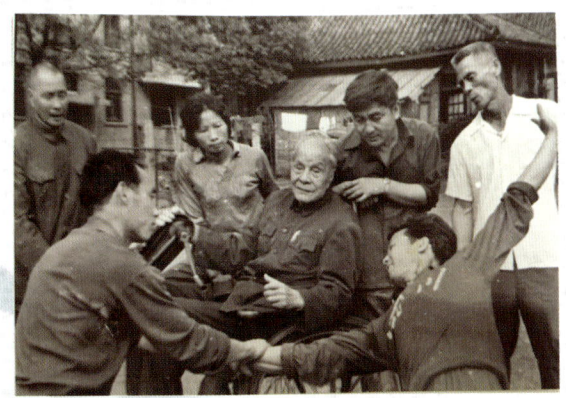
郑怀贤先生指导武术擒拿技术

70年代末郑怀贤老师与武术系教师合照

郑怀贤教授与四川省武术队和体育学院部分教师

学校党委书记陈伟；党委副书记、校长刘青共同为"郑怀贤武学研究所"成立揭牌

"郑怀贤武学研究所"挂牌仪式后合影

参加"郑怀贤武学思想研讨会"的与会专家

《郑怀贤武学思想研究》
编委会

顾　问：习云泰　王培锟　蔡仲林　温佐惠　张选惠
主　编：赵　斌　王明建
副主编：龚茂富　邢　星
编　委（按姓氏笔画排序）：
　　　　王明建　艾泽秀　冉学东　邢　星　刘　涛
　　　　刘金丽　李　军　李　阳　李　威　李传国
　　　　李春雷　吴　强　吴宝元　邹　蓉　应　磊
　　　　辛双双　张　君　张　勇　张　浩　陈　扬
　　　　陈爱蛟　赵　斌　费永波
　　　　卿光明　涂　平　姬瑞敏　黄　静　龚茂富
　　　　彭鸣昊　曾　杨　谢树雄　潘文斌

目 录

01 邓昌立　王如镇　曾　杨
漫谈"武术套路运动"——郑怀贤武学思想研究之邓昌立口述篇　　　　　　/001

02 彭鸣昊
郑怀贤武学内涵研究的新视野　　　　　　　　　　　　　　　　　　　　/006

03 艾泽秀
多元文化视域下审视传统武术文化传播与发展　　　　　　　　　　　　　/013

04 曹　云　黎在敏
中国武术国际传播下郑怀贤武学思想翻译的可行性分析　　　　　　　　　/023

05 陈　扬
郑怀贤"武医结合"对武术与民族传统体育专业本科核心能力发展的影响/029

06 陈玉民　张　敏　潘文斌
武技·武理·武医——自成体系的郑怀贤武学思想研究　　　　　　　　　/034

07 代凌江　郑　强
峨眉武术非物质文化遗产的数字化保护研究　　　　　　　　　　　　　　/041

08 姬瑞敏
武医结合视域下传统武术的"入世"与"出世"解读　　　　　　　　　　/048

09 吴小华　李春雷
武医宗师郑怀贤的成就及对后人的影响　　　　　　　　　　　　　　　　/056

10 李　威　邢　星　张　君
著名武术家郑怀贤与飞叉　　　　　　　　　　　　　　　　　　　　　　/061

11 李 竞 王 林 朱 琳
郑怀贤武术教育思想及其时代价值 /069

12 刘 欢 冉学东
郑怀贤的武德思想及其影响 /077

13 刘金丽 应凯杰
试析郑怀贤武术教学理念 /084

14 刘 鑫
少林禅武医与郑怀贤拳武医发展对比研究 /091

15 罗海斌 刘震东
郑怀贤武学思想对武术与民族传统体育专业人才培养的启示研究 /101

16 吕容戎 邹 蓉
郑怀贤武术教育思想的口述史研究 /109

17 潘文斌 谢 宾
郑怀贤武术教育思想的武德教育研究 /115

18 涂 平
郑怀贤武术教育思想初探 /120

19 汪利蓉 王洪珅
和谐社会视域下郑怀贤"武医结合"思想的发展探究 /126

20 肖蕴昕 孙 超
"互联网+"时代郑怀贤武学的传播途径研究 /135

21 辛双双
武术在文化冲突视域下的门派之争 /143

22 杨新枝 王明建
郑怀贤"武医结合"之路研究 /150

23 应 磊
传承与发展：郑怀贤武学思想 /156

24 张秋平
从行为指引到思想教化的演变——基于规训视角审视武术文化 /162

25 赵静冬　郑玲玲　刘震东
武术（太极拳）在东南亚、南亚推广过程中的标准化研究 /170

26 周　充　邬建卫　王明建
郑怀贤武学：飞叉风采奥运行 /179

27 邹　蓉　冉学东
中国武术与中国传统医学结合的路径探析 /187

漫谈"武术套路运动"

——郑怀贤武学思想研究之邓昌立口述篇

邓昌立　王如镇　曾　杨

【摘　要】采用查找文献资料法、专家访谈法、逻辑归纳法、口述史研究法等方法，结合自身习武、教武、训武的心得体会，对武术套路的运动的发展现状、特征、技术核心、技击意识和演练风格等问题进行了探讨，并做出相应的诠释。研究表明：武术套路运动观即"套路是假的，功夫要真的""找劲儿""整合"等是武术套路运动技术的核心；技击意识和独特风格是武术套路运动演练的灵魂；竞赛规则是武术套路运动发展的"指南针"。

【关键词】武术套路；特征；核心；风格

【前　言】中国首批国家级武术教练、中国当代十大武术教练、中国武术九段——邓昌立老师，自幼习武，师从我国著名武术家郑怀贤教授，邓昌立老师在五十余年的武术教学与训练生涯中，培养了一大批优秀的武术人才，书写了一个又一个的竞技武术传奇，为中国武术事业作出了杰出贡献。1985年被中华人民共和国体育运动委员会授予"新中国体育开拓者"奖章，1988年获得国际武术节组委会授予的"国际武术贡献奖"和"国际武术优秀教练员奖"。多年来邓昌立老师一直坚持以郑怀贤教授的武学思想为指导方针，并将其融会贯通于武术工作之中，逐渐形成与完善具有郑怀贤特色的"川派"武术。

武术套路运动随着时代的前进而丰富发展，但它始终有其自身的运行轨道，也就是说它必须有别于别的行当，如杂技、体操、舞蹈、戏剧，否则就不存在了，有人提出疑问，武术套路运动到底是文化，还是技击？如何区别？套路核心是什么？原则界限是在哪里？现在就武术套路提出了一些个人见解，作抛砖之语，以飨读者。

1 武术套路观——"套路是假的，功夫是真的"

"套路是假的"指的是它是人为精心设计编排创作的，从而将若干攻防技术动作通过演练达到展示攻防技能的目的，同时塑造攻防艺术形象的一种身体运动技能。"假"是指它的内容、节奏、风格、意境的艺术性，区别于真实格斗的技击，正如郑怀贤老师所说："武术要表演，为什么不表演，功夫是真的，套路是假的，是人编的。"蔡龙云先生讲："武术套路，就像中国文学的诗歌，讲究韵律、节律，套路有起板，落板，才能走回头路。"他对武术套路的观点就是"武术套路就是武舞，就是艺术，是来自于技击搏斗实践的一种艺术升华"[1]。

"功夫要真的"是指习练武术套路时必须要站得稳、走得动、闪得开、跳得远、踢得狠、打得准、速度快等，要求表现出真实的攻防技能，假中见真。郑怀贤教授经常引用拳谚讲的"练武不练功，到老一场空"，强调的就是攻防技法和劲力的真实性，必须要求将套路动作做到方法合理、劲力到位，而手、眼、身、法、步的整体配合协调精准等真功夫，则需要时间加汗水的积累而成。中国传统美学的核心就是：真、善、美，第一重要的就是真，真了，武术味儿就浓了，才好看，才能做到武术套路动作的干净利落，脚到手到，炉火纯青。

郑怀贤教授曾指导一代猴王肖应鹏改编"猴拳""猴棍"，去掉了花哨的虚功夫，增加了难度强的真功夫。也曾与王树田老师一起为当时还是学生的我（邓昌立）创编了形意三连环套路（首个有跳跃动作的形意拳高级套路），后来在我担任四川武术队主教练期间，我也在传承前人的基础上协助和辅导运动员不断改进、提高，从而创编出了许多新的套路动作，如熊长贵的"猴棍"腾空盘棍旋转360度，任刚的"白猿通臂拳"中腾空的"燕子钻云"，李小红的"长拳"中的"踢脚朝天腿"，吕立的"地躺拳"中的"仰身平蹬摔跌"等经典动作，在全国武术套路技术的发展上产生了一定的影响力，另外，在全国武术界广为流传，颇受赞誉的"空手对棍"的对练项目，就是根据王树田老师的"高的打起来就猫，低的就跳，举手破立劈"

创编出来的，另外还有空手夺枪（由最初的20秒发展到50秒）、八卦散手刀、夜行刀、"鹰蛇斗法""醉汉戏猴"、重庆江北地区的农民形意拳等，都堪称武术套路的典范，而这些创造都是一种创作型的劳动，都是人为精心编排的。

"套路是假的，功夫要真的"一句话概括了武术套路的运动特征，它是以表现攻防技法和功力劲力为核心的有灵魂的文化身体活动，是艺术技能。演练武术套路不仅可以避免出现格杀搏斗对抗运动中的流血和伤害事件，更主要的一方面就是它如诗、如歌、如画、如书法，给人一种艺术享受的境界，这才是我们喜爱武术套路运动的根本原因，也是中国武术套路运动中最有价值的内容。

2 "找劲儿""整合"是武术套路运动技术的核心

武术套路动作训练要求"动则有招，静则有势，势正招圆"，不能简单地理解为外形的"动作规格、动作规范"，要深入理解武术动作的内涵，一开始就应瞄准"内涵"这个目标，武术的本质内涵是"攻防技击技能"，不管是动作元素还是表演元素，都不能离开它，它是武术的核心灵魂。所谓势者得劲儿，招者得法，得劲得法才为"势正招圆"，得劲得法应该是前提，所以在创编、训练武术套路技术时要时刻思考怎么做功架才有利于攻防，满足于套路动作节奏的连接需要，观赏的美学需要服从于武术本质的特征，特别是自身拳种的个性美学标准、特征及风格特点等，而不仅仅局限于一个固定的标准，同一个动作在不同的状况下，可能"一个规格"会做得不完全一样，比如：动作的高低，大小，身体的倾斜角度等，在不同的拳种中就略有不同。除了找劲儿之外，在武术套路技术训练中还需要注意的一点就是一定要"整合"得法。郑怀贤、王树田老师经常讲：习练形意拳要有"整劲"，具体怎么体现"整劲"，要靠自己去"悟"，为什么要"气沉丹田""沉肩坠肘"，就是要达到力量的整合，搞清楚这些才能叫"悟"。通过实践练习也可发现当前一些书本上要求的训练中存在的问题，如长拳训练要求"挺胸塌腰"，显然不符合武术的本质特征和技术要求，一旦挺胸塌腰了，气就沉不了丹田，劲不整，神不聚，因此，任何拳都不能"挺胸塌腰"，挺胸本身应是戏曲的亮相，而在武术中应该是"含胸束背"，差别只有一点，却涉及武术训练的核心灵魂。

共性是寓于个性之中的，从人体结构的生物力学出发，武术套路运动的前人总结了"三节六合""气聚丹田"等诸多理论，近现代的老一辈武术家又从演练塑造攻防技击技能的运动形象出发总结出了套路的"四击八法""内外三合""十二型"等学说，而这些才是武术套路最本质的技术特征和元素基因，是武术运动员在训练过程中必须遵循的规律。

3 技击意识和独特风格是武术套路演练的灵魂

武术的意识风格和套路动作好比灵魂和躯体的关系，武术意识是通过身体的感受、自身的领悟而形成的对武术运动以及套路动作技能的一种认知。风格则是武术运动者意识表达的一种个性，是形成拳种流派的根源，具有独立性和继承性。太极，形意都明确提出"重意不重形"，此中的"意"就是套路动作中所蕴含的攻防技击、技能内涵，即武术技击方法的劲道规律所在。从另一方面说，套路动作规格的核心不在其"形"，而在其"神"，动作"规格"要服从于方法和劲力，套路演练的核心亦然，套路运动更是围绕这一核心提出了"手眼身法步，精神气力功"的基本要求。当然武术演练中的"风格""意识"等元素在当前尚没有量化标准，但我们不能简单粗暴地轻视它的存在，降低它们在武术套路运动中作为"核心灵魂"的重要地位，把它简单化，人为地将它制定成有规格规范的一种"外型"东西（如弓步一定要保持水平，达到90°等），使它失去武术套路的内在魅力。

前人和现代优秀的经典套路、组合动作是宝贵的财富，是前辈们创作智慧的结晶，其中所包含的内容方法、风格意识、劲力节奏以及演练技巧等都具有典范性和继承性，犹如文学中的经典范文和名言名句，武术各家各派各拳种的发展史以及我们自身在从事武术套路运动的历程，都有力地佐证了这一点。学习传统武术理论和学习经典套路都是提高武术意识风格的捷径，运动员们可通过学习别的艺术门类来加强文化艺术的修养，从而使自己具备深厚广博的文化科学的基础知识，即功夫还得下在武术以外的领域中。

4 比赛规则是武术套路技术发展的"指南针"

在武术套路技术发展中，比赛规则是关键，是推动武术套路运动技术发展的指导性文件，当前规则为了与国际接轨，把动作规格和难度的量化标准放在了最重要的位置，所占分值很高，扣分点也很明确，尤其是难度分的量化确定，造成了当前很多武术套路成为了"720度转体，跑、跳，大亮翅，几个舒展姿势就那么一摆"，几乎没有什么进攻防守的技巧方法，没有了武术味，在一定程度上阻碍了武术的发展，而以前的经典套路之所以好看，就是因为动作里面有方法，一撸一挑都是前任攻防技击的智慧总结。所以现在武术套路运动的现状和现行的武术套路运动竞赛规则是需要我们反省的，评分标准没有抓住武术套路运动演练的灵魂（方法和劲力），攻防技巧没有被突出并放在一个重要位置。故竞赛规则应围绕武术的核心灵魂进行改革，凡是有利于体现武术套路核心本质规律的，就应该支持，凡是违背核心属性的，应加以制约。所以要促进武术套路的持续良好发展，应重新审视、修订、充实和完善现行的武术套路规则，让规则成为推动武术套路技术发展的杠杆，成为训练的方向性和指导性文件。

5 结语

本着"套路是假的，功夫要真的"的认知观，提出"找劲儿""整合"等方法是武术套路运动基本技术训练的核心，技击意识和独特风格是武术套路运动演练的灵魂，比赛规则是武术套路运动发展的"指南针"等一些个人的浅薄认识。总之，武术套路运动已形成了独具魅力的具有深厚文化底蕴的民族传统体育运动，这一点是不可改变的事实，它也必将沿着自身的历史轨迹和规律继续发展，希望后来者用现代科学去熔解"传统"、提炼精华，将武术套路运动发扬光大，使武术套路运动有一个更加美好的明天。

参考文献

[1] 蔡龙云.我对武术的看法[M].北京：人民体育出版社，2007：54，53，57.

[2] 何定镛.巴蜀武林英豪[M].成都：天地出版社，2015：290-292.

郑怀贤武学内涵研究的新视野

彭鸣昊

【摘　要】运用文献资料法、逻辑分析法、结合口述史的研究形式,从概念内涵、技击内涵、科研内涵三方面进行探讨,寻找郑怀贤武学内涵研究的新视野。并指出:"定身法,筑拳'势'""招无用,大而化""存静气,思高远"是其新视野的代表。

【关键词】郑氏武学;内涵

【前　言】当前,文化复归成为了各国文化发展的重要方式。为了顺应中华民族的和平崛起与伟大复兴,进入21世纪后,党中央不断地加强对传统文化的复归。十七大报告提出了"要弘扬中华文化,建设中华民族共有精神家园"的文化诉求,并进一步指出"加强中华优秀文化传统教育,运用现代科技手段开发利用民族文化丰厚资源。加强对各民族文化的挖掘和保护,重视文物和非物质文化遗产的保护,做好文化典籍的整理工作。加强对外文化交流,吸收各国优秀文明成果,增强中华文化的国际影响力。"[1]笔者认为,文化的复归不仅仅要求我们在时间上的跨越,即从传统文化中找到具有永恒意义的根基,更要求我们在空间上的并进,即审时度势,融入我们自己的理解和感悟。唯有如此,方能承载起中华民族历史发展的使命。在中国所有的文化现象当中,没有什么如中国武术一样始终具有深厚的底蕴与吸引力。人们对于武术的喜爱,早已超越了对拳种本身的躬亲实践,是在内心寻求一种永恒的智慧。武术之理想运动,乃是宇宙万物以超验心为终极依据的原始动力。[2]

郑怀贤武学(简称郑氏武学),是以郑怀贤先生一生习武与教学的生涯为基础,穷其一生之力所凝练而成的武学行为体系。它包含了郑怀贤武学思想体系和郑怀贤武学技术体系。郑怀贤武学思想体系以我们熟知的"武医结合"为代表，郑怀贤武学的技术体系以郑老所推崇的"多拳合一，尤重功法"为代表。当前，学术界对于著名武术家的研究层出不穷，其中不乏独到的见解。但本文的观点是，研究著名武术家的武学内涵首先应当进行文化的复归，即立足于传统文化语境这个必需的，永恒的落脚点。在立足传统，研究传统的基础上，融入我们自身的解构，找到其具有永恒意义的发展魅力。由此引申出郑怀贤武学（以下简称郑氏武学）内涵研究的新视野。

1 "定身法，筑拳'势'"——郑氏武学身法内涵研究的新视野

太极拳这一概念的提出，最早见于王宗岳所著《十三式歌》（一说武禹襄，待考证）："太极拳，一名长拳，又名十三势。长拳者，如长江大海滔滔不绝也。十三势者，掤、捋、挤、按、采、挒、肘、靠、进、退、顾、盼、定也。掤、捋、挤、按，即坎、离、震、兑四正方也。采、挒、肘、靠，即乾、坤、艮、巽四斜角也。此八卦也。进步、退步、左顾、右盼、中定，即金、木、水、火、土也，此五行也。合而言之曰十三势。"[3]

也就是说，太极拳以阴阳五行作为主导思想，是由掤、捋、挤、按、采、挒、肘、靠、进、退、顾、盼、定十三势所组成的一种武技。但认真分析以上论述后，笔者有了如下的疑惑：掤、捋、挤、按、采、挒、肘、靠，乃是八种劲法，即主宰运劲方式的"八门。"进、退、顾、盼、定乃是五种步法，即主导移动方式的"五步。"一边是劲法，一边是步法，两个单位都不一样的数学量，如何能在一起相加形成运算呢？就如同"一公斤大米+两米绳子=？"既然这样，太极拳又如何"八种劲法+八种步=十三势"呢？因为这完全是数学悖论，所以我们不得不思考，究竟是怎样一种形式，使得古人能将劲法，步法两种不同的东西形成数学整合，并统一在十三势中的"势"这个最终概念中。郑怀贤先生认为："势"并不是一个数学意义上的单位名称，乃是一种贯穿于太极拳运动始终的原始动力。太极拳中无论八门（劲法）还是五步（步法）都处在一种自然和谐的运动变化之中。这种变化包含了太极拳运动所独有的阴阳的，刚柔的，内外的，动静的对立与统一。不管是八门还是五步都必须包含这种太极拳独有的原始动力，

即都必须包含这种阴阳的，刚柔的，内外的，动静的对立统一。而主导这种原始动力的正是"势。"所以说，不管太极拳运动是怎样的运动形态，都必须要保持"势"的永恒存在，维系住"势"，才能维系住太极拳的灵魂。[4]那么究竟怎样才能获得这种"势"呢？郑怀贤先生曾经对其学生讲"要守住太极十三势中这个"势"，必须保持正确的太极拳身法，即"身法筑势，"只有在身法正确的前提下，才能维系"势"这个力量的源泉。也就是说，只有身法正确，才能一进步体会到无论是在技击，养生，演练等诸多方面太极拳所独有的魅力。身法不正确，所演练的太极拳就是太极拳操，即使习练时间再长也不会产生"绵裹铁"的功力，更不会改善练习者的身心健康"（以上论述来自郑怀贤先生的学生吴兴与）。

由此观之，社会上许多人习练太极拳，但是真正能感受到太极拳健身妙用的寥寥无几，其根源正是如此。关于太极拳身法，郑怀贤先生在教学中明确将其总结为"涵胸，拔背，裹裆，护肫，提顶，吊裆，松肩，沉肘"之身法八要。本章节所述的基本理论观点认为，维系身法八要，不是矫正拳架，而是激发人体潜在的超验心与核心力量的源泉，即"势"。

2 "招无用，大而化"——郑氏武学技击内涵研究的新视野

中国武术之技击，特别以太极、形意拳、八卦掌为代表的哲理化拳派的技击，一直以来都被中国人认为是代表最高功夫境界的实战状态。与之相适应的是后发制人，借力打力，发人于丈外的神功技艺。但是如果还原到真正的打斗场景中，我们会发现这些哲理化拳派所彰显的运动形态根本表现不出这些"神功技艺"，尽管人们出于对民族自尊心的维护，不予以承认，但这是一个客观存在的现实。因为诸如太极推手的运动特征不符合人体对抗的运动要求[5]，20世纪50年代轰动一时的"陈吴比武"，作为吴式太极拳第二代嫡传的吴公仪先生在擂台打斗上所展现的拳脚功夫，远没表现出传说中太极拳技击的神韵。那么对诸如白鹤亮翅、野马分鬃、玉女穿梭之类的招式，我们究竟应该做何理解呢？众所周知，郑氏武学最重要的组成部分便是哲理化拳派的集成，因为郑怀贤先生一生中最憧憬的师父孙禄堂，便是倡导三拳合一的一代武学宗师。在跟随孙禄堂老师学武期间，郑怀贤先生着重学习了孙氏武学的太极拳，形意拳，八卦掌。那么，郑怀

贤先生是如何看待这些哲理化拳派的技击成分的呢？

2.1 一部口述史的研究

有学者曾说过，中国武术是草根文化，厚积的底蕴分布于中国大地的若干个角落。因此，我们对于郑氏武学的研究，应把历史焦点转向普通的人民大众，使其发展呈现出"人民化"的趋势[6]，如此才能解开郑氏武学中那些最质朴而又核心的精华。近几年来，以口述史为研究方法的新视角逐步渗透进武术研究中，如徐皓峰先生记录，李仲轩先生口述的《逝去的武林》，为我们展现了一个真正中华武者的内心世界，还原了民国时期中国武林的本来面目。又如上海体院戴国斌先生的课题"新中国武术发展的集体记忆：一项口述史研究。"从基层群众的口述中，寻找对中国武术发展的诉求。本着严谨性、民主性、合作性、动态性、跨学科性的科研态度，笔者就郑氏武学技击思想的若干问题进行了若干口述史研究。

"拘泥于一招一式的彰显，是无法练出东西的。能打人的不是招法，而是长年累月用这些招法练出来的东西，就是功力。通过郑氏武学套路、推手和桩功的体悟，把自己的身体练松，练通透，练顺。这样，技击的时候，任何动作都是在放松顺活的状态下发出，身体上参与发劲的肌肉群增多，所有系统协调运作，就会达到郑怀贤老师说的'发劲如放箭'的境界"。

——郑怀贤先生徒弟，著名武术家吴兴与先生

"套路是练功的，推手是灵敏触觉的训练，但最后还是要回归对抗搏击。举个例子，一个散打运动员，如果再进行些基本的太极拳功法训练，那么这个运动员一定会进步很大。因为有实战经验的人，才能对太极拳的放松，招法设计的借力打力有更深的体悟，散打的接腿涮摔，就是对四两拨千斤，借力打力的最好诠释。"

——郑怀贤先生徒弟，著名武术家周东明先生

"我认为招法和套路是没用的，练习者一定要在思想意识上'化'掉招法打人的执着。设计套路只是为了凸显这一拳种的风格，太极所体现的是一种逆向思维，即首先在放松的状态下，通过套路的训练练出整劲，其次通过技击的训练使这种整劲运用自如，最后以武入道，进修思想的修为。"

——郑怀贤先生徒孙，四川大学某教授

2.2 理性的推求

以上口述史研究，虽然论述的视角不尽相同，但无一例外地表达了郑氏武学的一个主旨，即"化去练习者对招法和套路执着"，也就是说不可拘泥于一招一式。在笔者为探寻郑氏武学新视野所进行走访期间，所走访到的郑氏武学后人无一例外地都表达着一个相同的诉求。以此观之，这也是郑氏武学的核心诉求。即"套路是武术的艺术化表现形式，技击是武术的本质属性与灵魂，二者不可并列。武术的多种职能，是在以技击为核心的本质属性上不断融合传统文化而形成的"。故笔者反思，当今学术界将套路演练和搏斗对抗两种形式并列起来的做法是欠妥当的。

郑氏武学既然冠之为"武"，理所应当具有技击性。但这种技击性绝不是郑氏武学招法与套路所代表的形式。如前所述，所谓后发制人，四两拨千斤只是一种对于技击最高理念的理想化诉求，这种诉求或许在搏击水平极其高的那个点出现，但我们习练武术时刻意地拿这个状态来强求自己，那么得到的结果必然如"陈吴比武"那般狼狈。"民物相攫而有武矣。"（《兵迹》），郑怀贤老师反复在教学中强调："武术之本源，仍旧是人类最质朴的击打技术。"换句话说，套路和拳种的产生是人们对最质朴最实用的击打技术的艺术化升华。钱穆先生认为"中国人讲究程式，诗词歌赋、舞蹈戏曲名、中国书画、园林建筑等都遵循一定的程式。"[7]那么武术自然也遵循这种"程式"。招法与套路无疑是人们对于武术艺术化的加工，经过加工后的套路仅仅具有攻防含义而不是最本质的技击动作。因此"套路的特殊本质是技击含义"[8]儒家思想认为："大而化者谓之神"，只有在思想上"化"去招法和套路的束缚，才能回归武术最质朴的本源。因为，所谓拳术拳法其实只是对人的超验智慧的一个权变形式，只是人们在搏击实战时的超验智慧的发挥形式，而不是固定不变的万能方法。[9]所以说郑怀贤先生的武学理念是正确的、闪亮的、科学的。郑氏武学以技击内涵为载体，理性地传递着武术价值观。那么根据郑氏武学的技击内涵，以哲理化拳派为例，我们可以推导出如下诠释：

（1）在放松并遵循传统哲理化拳派身法的前提下，通过套路训练出上下内外贯通的整劲。

（2）将这种练出来的整劲与灵敏触觉施予搏斗对抗，做到在真实的搏斗对抗中能保持这种整劲和灵敏触觉。

（3）入武入道，找到一种超验心，即体会自然运行规律的般若智慧。这正好迎合了太极拳论中所述"由着熟而渐悟懂劲，由懂劲而阶及神明。然非用功之久，不能豁然贯通焉。"

3 "存静气，思高远"——郑氏武学科研内涵的新视野

随着民族传统体育学科构建的不断完善，近几年来关于郑氏武学的研究取得了许多重要的成果。2010年10月15日—17日，成都体育学院武术系与四川省非物质文化遗产研究基地共同举办了"郑怀贤武学思想研讨会"暨非物质文化遗产学术交流会。此次会议邀请了国内著名武术学者、专家、教授，对郑怀贤先生的武学思想从诸多方面做了较为翔实的论述。会议一致认为，大力发掘和弘扬郑怀贤先生的武学思想，对新时期武术文化的保护与继承意义重大。这次会议是深入研究和总结郑怀贤先生武学思想的良好开端。随后，由武术系教师集体编写的《郑怀贤武学系列丛书》出版发行，这标志着成都体育学院郑氏武学的发展进入了一个崭新的高度。

为了继续深入发掘郑氏武学的精华，使郑氏武学成为成都体育学院的办学优势与特色。2016年4月6日，成都体育学院隆重地举行了"郑怀贤武学研究所"成立揭牌仪式，这标志着郑氏武学已经不仅仅是武术层面的成果，它更是民族文化的宝藏。在充分发掘郑氏武学武术领域内精髓的前提下，进而将郑氏武学打造成弘扬民族文化，促进群众身心健康的财富。

因此，今后在对郑氏武学的科学研究方面，我们必须"存静气，思高原"，立定脚跟，开拓格局，将郑氏武学的发展不断推向新的高度，介于此，笔者以为：

（1）以成立郑怀贤武学研究所为契机将郑氏武学进一步推向全国。

（2）以成都体育学院武术系牵头，广泛团结民间郑氏武学传承人，在郑怀贤武学研究所周围定期举办沙龙研讨，共同发掘郑氏武学内涵，梳理郑氏武学精髓，商讨郑氏武学发展前景。

（3）郑氏武学不是静态的，是发展的，包容的。我们有责任探索更广阔的郑氏武学内涵，即：郑氏武学内容丰富、风格独特，挖掘、整理、继

承和发展是成体人的使命，是落实成都体育学院"一线两翼"人才培养战略的探索实践，是学校实现拥有引领行业话语权的具体举措，是助推学校建设"体育特色鲜明，多学科协调发展的高水平应用研究型大学"的实际行动。

参考文献

[1] 胡锦涛.中国共产党 17 次全国代表大会上的报告[EB/OL].http：//news.xinhuanet.com/newscenter/2007-10/24/content_6938568_6.htm.

[2] 乔凤杰.无极而太极——论武术与儒家在超验心层面的思想会通[J].广州体育学院学报，2006，26（2）.

[3] 徐震.太极拳谱理董辨伪合编//徐震文丛[M].山西：山西科学技术出版社，2006.

[4] 负琰.从身法的角度探骊太极十三势之"势"[J].军事体育进修学院学报，2012，31（1）.

[5] 曾于久.武术散手与散打名称的研究[J].武汉体育学院学报，2009，43（1）.

[6] 杨祥银.关于口述史学基本特征的思考[J].郑州大学学报，2010，43（4）.

[7] 钱穆.中国文化史导论[M].北京：商务印书馆，1994年6月版，2000年6月第四次印版.

[8] 曾于久.武术本质论[J].武汉体育学院学报，2009，43（11）.

[9] 乔凤杰.形式上的引导-老子道家的道与传统武术的超越追求[J].山东体育学院学报，2006，22（2）.

多元文化视域下审视传统武术文化传播与发展

艾泽秀

【摘　要】以文化传播与发展为研究视角，运用文献资料法、逻辑分析法，以当代传统武术文化发展境遇、传统武术文化传播导向和传统武术文化传播策略这三个维度为切入点，对传统武术文化的传播与发展进行了文化学解读。研究认为：传统武术文化在民间场域"小视野"与当代体育文化多元化差异语境下凸显出了举步维艰的生存态势；然而正是由于多元体育文化相互融合的时代诉求加之对民族体育文化保护的意识逐步提升，使传统武术文化展现出充满机遇的未来。传统武术文化传播应注意把握文化基因，提高文化自觉，正视文化差异，增强文化适应的传播导向。同时，传统武术文化应贯彻卓越文化传播、创新文化传播和新媒体文化传播三维理念的发展策略。

【关键词】多元文化；文化传播；传统武术文化；发展策略

【前　言】时代体育文化与民族传统"体育文化"之间文化元素和文化内涵的多样化发展和多元化呈现皆依赖于文化传播的表层传递与内质延伸。而"文化传播的流动性对于文化的输出方和输入方都是有利的[1]"，民族传统体育文化传播使文化"输出"与文化"输入"双方通过传播的独特路径，在积极采纳和吸收"他者"优秀民族体育文化的基础上，丰富"本我"的体育文化体系和文化特质，提升文化自信；在体育文化多元性和民族性的时代矛盾的仔细甄别和合理扬弃中，探骊符合民族心理的体育文化发展方向。传统武术文化在多元文化语境下的传播与发展不仅可以使传统武术文化和现在的流行体育文化在交流与碰撞中凸显出传统武术文化本源追溯与时代诉求的发展与延伸，还可以为"他者"民族传统体育文化在与当代流行体育文化的相互欣赏与互为融合中提供研究借鉴与理论参考。因此，研究多元文化视角下传统武术文化的传播与发展对实现与提升传统武术文化的现代化与关注度；梳理与建构其文化的发展方向与脉络；树立并提升其文化的国际形象与国际魅力等皆具有良好的实践意义和历史贡献。

1 传统武术文化发展境遇

传统武术长期依附于民间生存环境，在民间文化气息的长期"濡染"下，表现出较为鲜明的民间传统文化和民间传统文化相互交织与互为转化的独特文化底蕴。传统武术以静态凝固的传统文化作为其文化源泉和发展根基，在文化民族化与时代化的矛盾统一体中以螺旋上升模式形成文化传统的文化活态与文化之流。传统武术文化长期借助传统文化根基和文化传统之流的发展规律与锐变特征，在新时期的生存思辨中呈现出"文化焦虑"与"文化机遇"交织并存的未来趋势。

1.1 传统武术文化发展窘境

传统武术文化层次与文化特质的形成与体现皆是传统武术在民间文化场域渐进滋养和逐步同化的效果。长期民间场域文化气息的濡染，使传统武术文化在凸显其历史与博大文化自信的同时，其民间场域"小视野"的文化理念与文化实践也逐渐突出，从而阻碍了传统武术文化内涵的延伸与文化出新的再造，尤其在面临现代多元文化差异境遇下的文化同化危机，更加凸显出了"小视野"文化观念逻辑与思维方式的单一性与局限性。

民间场域对传统武术文化呈现出利弊皆具的历史实践与理论牵拉效果。而场域是布迪厄说的"社会学的一个关键空间隐喻，指位置之间客观关系的网络或图式[2]"。在文化网络的场域中，其文化位置层面的"位置"关系对文化"占据者"与文化"行为者"施加影响，使得在文化结构层面上起决定性作用的文化资本功能的发挥也受位置的决定。传统武术文化约定俗成的师徒制文化中的文化"占据者"（师傅）与文化"传承者"（徒弟）皆被民间场域独特的位置关系"施加影响"，表现在师徒的遴选受到严格的限制。同时，场域理论中意旨的文化资本是"场域中各种活跃的力量，并非经济学的范畴，是劳动累积的资源，具有历史继承性和排他性[3]"。深层次探索传统武术文化民间场域"文化资本"的传承与发展，由于"小视野"

民间场域的位置关系对传统武术文化资本传播与发展的决定性选择，使文化资本在"量"的范畴逐渐减少，在"质"的层面渐进下滑。

虽然，文化资本的继承性和排他性为传统武术文化奠定了发展基调与传播积淀，使传统武术文化在历史的推演中"以民族志的形式从整体文化脉络中去梳理、分析和抽提地域武术文化，去勾勒和描绘更加原生态的文化图景[4]"，凸显中华民族文化的气质。但是，民间文化场域各种文化资本与文化空间的牵拉与竞争使传统武术文化在现代多元体育文化语境下的未来发展和广泛传播越显焦灼。依附民间生存场域的传统武术文化，其民间的"位置"关系规约着传统武术文化拥有者的扩大范围和扩张速率；压迫着传统武术文化行为者的文化传承体系和文化传播领域。在长期的文化传承受迫和文化传播受阻的环境下，传统武术文化越发凸显出文化紊乱与文化萎靡的窘境。同时，民间场域相互关联的"位置"对传统武术文化择取民间文化元素与文化因子有着关键性的决定和严格化的限制，迫使传统武术文化的多样性与差异性依据传统武术精神实质和价值内涵稳定固化发生文化变迁与文化适应，在长期的变革中形成稳定的"小视野"的文化性格和文化气质，在文化发展和传播的包容性与适应性层面凸显活力缺失与信心缺乏的问题。总之，民间的生存场域使传统武术文化在独特性构建和重构中，在时代文化元素体系与价值内涵的变迁中凸显文化"小视野"与文化焦虑的现实窘境。

1.2 传统武术文化发展机遇

现代化视野下体育文化的全球化和差异化越发明显，对本民族传统体育文化向内的多样化造诣与不同民族体育文化向外的丰富性扩散带来了前所未有的机遇。全球化的体育文化差异使体育文化的民族化逐渐消融的同时更加唤醒了民族文化的自觉性，在文化自觉的牵引与导播下，越是民族化的体育文化体系与文化特色越具有时代张力与发展潜力。在民族体育文化的现代化发展与传统化追溯的双重诉求下，这种时代张力与发展潜力亦步亦趋地成为民族体育文化发展的机遇与动力。对于传统武术文化而言，"体育全球化对传统武术文化的生存和发展产生的种种冲击，反而成为传统武术文化传播的的一种动力，一种基于文华识别需求和文化定位需要的内在动力"[5]。传统武术文化在面临文化差异与可能被文化同化的危机和挑战中，同样展现出文化发展和文化传播的新机遇。

多元体育文化时代的建构与崛起，从文化进步的角度深入分析其文化图景，皆是民族传统体育文化在时代重构中的再造过程。诚然，这种对民族传统体育文化的再造创新，并非完全是传统体育文化的原始面貌与初衷，但是其流行化的包容性、丰富性、活力性与魅力性是毋庸置疑的。传统武术文化的"现代化进程不是一个可以选择的进程，这就使得其在近代以来的发展中以自己特有的状态进入了一个现代化的进程当中[6]"。传统武术文化多元化的时代性重构与创新，是传统武术文化视野探寻的崭新历程，多元体育文化的渗入，传统武术文化"胸怀"的扩张，已成为其发展的时代必然。

同时，基于民族文化丰富性和多元性逐渐锐减与面对它们不断消逝的惊醒和忧虑，世界非物质文化遗产的诞生和发展成为不同民族文化的传承保护与时代革新的新机遇。"《威尼斯宪章》提出文化遗产传承要包括'最早状态''布局和装饰''周围环境'在内的'充分完备的原真性'"。[7]传统武术文化作为文化遗产中非物质文化遗产的一部分，同样在文化保护意识与文化保护原则的规约下呈现出传播与发展的新机遇。传统武术文化的非物质文化遗产保护立足于传统武术内涵的文化体系、哲学体系、思想体系、外延的拳种体系、身体技术体系与技击表象体系等完备的原真性；着眼于传统武术文化民间生存场域的时代"还原"与现代"进化"；审视传统武术文化传承和传播的人文体系与人文价值，对传统武术文化给予充分的重视与高度的评估。非物质文化遗产保护从武术"本我"文化体系和文化内涵与周围"最原始状态"的场域环境与人文因素等文化层面奠定了传统武术文化发展和传播的时代机遇。

2 传统武术文化传播导向

2.1 把握文化基因，提高文化自觉

把握传统武术文化内核，形成传统武术文化基因稳固的传承机制和传承惯性，提高传统武术文化自觉的责任思维和责任意识，尔后才能避免传统武术文化的传播迷失。"文化基因是可以被复制的鲜活的文化传统和可能

复活的传统文化的精神性因子",[8]文化基因是文化传承中的核心文化元素与重要文化载体,它是文化在长此以往的传播中形成的稳定文化传承形势,亦可以理解为文化传承和传播的定式惯性。文化基因对民族既往"固态"文化与现下"活态"文化以仿效生物遗传的方式使民族文化得以存在与延续。传统武术把握文化基因的传承与传播,使武术文化的核心内质与主要内涵得以生生不息;使传统武术文化在传承与传播中形成稳定的形式与固定的惯性,积淀传统武术文化传承基调,引领传统武术文化传播品味。

传统武术文化在把握文化基因的形成、传承与传播的同时应提高文化自觉,强化文化传播的历史使命与责任意识。费孝通指出"文化自觉是在一定文化濡染中的人对其文化的'自知之明',明白文化的来历、形成过程、特色与发展的趋向,不是'文化回归'和文化'复归',也不主张'全盘西化'或'全盘他化',"[9]文化自觉强调对本民族文化内涵的深层次解读,明确文化的多视角瑕瑜;强调对本民族文化发展的多方位调控,探索文化的多元化路径。文化自觉在对民族文化内含传播实质与外显发展脉络的理性审视与谨慎摸索中凸显出一种意切真挚的文化责任和一种意义深远的文化行为,建构并深化了文化基因的方向性与可行性。传统武术树立文化自觉责任意识、践行文化自觉行为,可为传统武术文化的深度传播树立思维模式和价值取向。

2.2 正视文化差异,增强文化适应

文化差异领域和差异内涵的产生与扩大,是随着民族内部文化的完善性提升与不同民族文化丰富性升华出现的固然变迁态势,传统武术文化的传播应正视并重视文化差异。文化差异对文化内涵的提升和外延的探索具有双面效应。一方面,文化的差异性愈是鲜明愈能体现文化包容性的"弹性",愈能标志文化时代性的诉求,愈能呈现文化互补性的紧迫;另一方面,文化差异性加速了文化同化的进程,弱化了文化多元化的体系,提升了弱势文化消逝的进度。文化差异性的双面效应是文化发展与文化传播在同一阶段不同文化层次和不同阶段不同文化层次的自然效应,文化差异的存在使陈旧文化系统得以更新,使时代文化系统得以充分彰显,而陈旧文化的消逝与先进文化的融会在对本民族文化形成文化压迫与文化焦虑的同时也

带来文化更新的希望与文化变迁的动力。

传统武术文化传播面临文化差异的甄别压力，文化系统的革新面临文化差异的遴选焦虑，在传播视域下的文化发展应提升文化的适应性。文化适应是不同民族文化差异环境下文化传播的必然选择，文化适应通过与"他者"文化"进行互惠性理解，进而更完整地理解自我、发展自我、丰富自我、最大限度地扩展文化差异的积极意义"[10]。互惠性理解转换了文化差异的弊端视角，立足文化差异的"友谊"视角，凸显文化差异是文化互动与互补的机遇与动力。通过不同文化体系间的理性"对话"和合理"扬弃"，差异文化的多元甄别与理性择取使文化系统与文化内涵得以渐进更新并稳步延伸。传统武术文化虽然蕴涵中华民族优秀文化传统与丰富文化积淀，但不可否认其中也有糟粕元素，而文化差异为传统武术文化的时代变迁与文化革新提供了恰如其分的机遇，在文化适应视域下的文化传播对差异文化的互惠性理解为传统武术文化的发展探索出理性路径。

3 传统武术文化发展策略

3.1 卓越文化传播：传统武术文化发展价值领航

传统武术文化的价值领航，有利于传统武术文化快速与高效地传播，而传统武术文化价值领航的树立与运行则有赖于对传统武术文化的卓越管理与有效调整。传统武术文化管理基于对传统武术外在技术系统、内含哲理体系的统筹规划与合理导引等理念的创立与实践，以深入分析传统武术文化当下的生存场域与传承境遇作为切入点，以理性审视传统武术文化未来发展与传播脉络作为长远视角，兼顾现代体育文化多元化与文化差异化的卓越挑战与丰富机遇，对传统武术文化的原始诉求与现代价值进行合理鉴别与有机融合。传统武术文化历经管理的改变，在有效调整的境遇下形成时代整合的文化因子，不仅可以最大限度与最高标准地保留传统武术文化的原始"面貌"与本源"价值"，同时还可以理性判别与睿智渗透多元文化的现代体系与时代流变，符合人类文化需求与文化接受的心理机制，形成传统武术文化传播的新机制。

然而，传统武术文化由于其拳种体系、技法范畴、文化实质等所涉及的范围较大、差异性较鲜明等，统筹管理自然存在多重忧虑与较多困难，基于此，对传统武术文化的有效管理与合理调整需树立审时度势的管理思维与调整手段。管理思维应立足宏观范畴的决议层面，对传统武术文化的管理进行高层次的梳理与监督，加快传统武术文化的管理步伐与管理节奏，提升传统武术文化的管理信度与管理效度；调整手段应立足微观范畴的运行层面，对传统武术文化的传播进行实质性的执行与操纵，强化传统武术文化的规整脉络与规整方向，深化传统武术文化的调整进度与调整程度。传统武术文化在宏观管理理论与微观操控运行视角的传播，可以更加深层次甄别传统武术文化原始的精华体系与糟粕元素，更加理性地借鉴现代文化的积极成分与潮流因子，使传统武术文化的内涵与体系得以传播和弘扬，以谦和礼让、兼容并收的胸怀从容不迫地发展。

传统武术文化管理理论层面实现的可能与实践范畴的践行则有待于作为文化主体的"人"的主观能动性的发挥。传统武术文化长期在民间的实际实践与理论拓展，使管理主体的人也朦胧着民间方式，而传统武术文化的"传承是活态的传承系统，取决于文化源点和传承人的双重作用"[11]，传统武术文化瑕瑜互见的文化源点在批判中的传承与发展毋庸置疑，但其在与当代体育等异文化融汇中对创新文化的鉴别似乎仍然需要严格监管。传统武术民间传承人对传统武术的管理虽然基本合乎民间传统文化传承的特性与传承人遴选机制的合理性，但在实际传承与发展中，由于多数情况下存在盲目性与缺乏引导性，导致传统武术文化在传承与发展中暴露出文化迷失与文化仿效等委顿状况。鉴于此，传统武术文化的主体"人"应提高卓越管理的责任意识，以主动、科学管理、有效的理念从"大武术观"的层面增强传统武术文化管理。

3.2 创新文化传播：传统武术文化发展致制因素

创新是提升文化改革水平与文化竞争能力的重要途径与突出举措，传统武术文化创新成为其发展的制胜因素，探索并实践传统武术文化的创新理念与创新内含已经成为传统武术发展的时代追求。审视竞技体育异彩纷呈的时代呈现与举世闻名的大众基础，洞察不同体育领域所共同拥有的文化体系与文化追求，不难发现，竞技体育有标准化的比赛体系与评价尺度，具有时代化的审美标准与表现意向，兼顾人类视角的价值追求与体现形式。

竞技体育的文化体系与文化追求的现代化展现，正是由于其具有可操作性与可控制性，降低了人为干涉的维度与力度，充满视觉审美与精神特性，提高人类享受的层次与程度，才日渐成为人类文化消费和文化享受的首要选择。传统武术文化以其外显技术体系被人类所标识与认知，传统武术文化创新可以审视与思索技术体系的创新，仿效竞技体育的发展理念与发展模式，实现新形成的民族元素与时代文化的时空对话，创新出适应潮流文化的新体系。

传统武术文化技术系统所囊括的套路艺术化体系与功法技击的实用性系统，皆具有标准化的特征。虽然传统武术拳种体系的套路与技击纷繁复杂，其手法、步伐、身法皆具有不同的表现特征与运动特性，但是其套路与技击的遐想的艺术再造皆具有中华民族趋同的标准特征。同时，"新时代下传统武术文化的探索创新将庞大的传统武术技术体系视作一个有机系统，从整体上对其进行标准化，构建相对完整的、成套的传统武术标准化技术体系。"[12]考量并梳理出标准与完备的竞赛体系与评价体系。而这种标准的竞赛系统不是简单地对传统武术文化进行改造，而是深层次的变革；不是单纯与生硬的完全"西化"，而是更有机地借鉴；不是对传统文化与技击体系的舍弃，而是进一步地深化与回归。传统武术文化外显技术体系的创新，是对民族文化与民族价值的深造与重构，同时兼顾当代世界文化与人文价值的含意与表现，在凸显现代体育特征与文化气质的同时更加重视传统武术运动特性与文化精髓。呈现出民族性与时代性有机融合的创新机制，形成以民族性聚焦"他者"的视角，以时代性引领文化趋向的创新传播活力。

3.3 新媒体文化传播：传统武术文化发展智慧的崛起

随着时代的发展与进步，新兴媒体逐渐成为信息传播的一大主流，各种新媒体层出不穷，为传统武术文化的传播带来了机遇。中国人民大学匡文波教授将新媒体划分为三个部分：网络媒体，数字广播媒体以及移动媒体，他们所催生出的博客、微博、影视、微信公众号等为传统武术的传播注入了新的血液，拓宽了其传播的途径，使传统武术文化能够更直接地深入到大众中去。"新媒体拓宽了传统武术文化的受众面，衡量媒体对外的号召力和影响力的重要指标是受众规模和忠诚度。[13]"但是因为时间和空间的限制,传统的武术文化始终在受众规模的扩大和忠诚度的提升上显得心有余而力不足,恰恰新媒体在拓宽传播途径的同时也为传统武术文化的覆盖面提供了新的突破口。新媒体提升了传统武术文化的传播效果,自新媒体产生以来,传统媒体就不断探索以适应新媒体出现所带来的变化。首先,传统媒体一方面继续保持传播受众的稳定性的优势;另一方面,又想要利用新媒体拓展传统武术文化的深度来达到传播效果,新媒体的互动性为武术文化的发展提供了良好的契机。对于新媒体而言,双向互动的传播机制与有针对性的信息传播方式,可以使传统武术文化深入到受众的思想观念中,促进武术的长远发展,增强其传播效果,具有主动性和能动性的受众,可以根据自身需要主动地选择传播媒介和传统武术文化信息并及时反馈。新媒体这种有别于传统媒体的传播过程,使传统武术文化传播达到事半功倍的效果。

4 结语

传统武术文化在多元体育文化的时代价值尺度与思维标尺下,借助文化传播的独特路径,探索和践行发展方向与发展策略,融合传统与潮流的文化惯性,是其健康发展的趋向。传统武术文化面临民间生存场域"复古不变"与当代体育文化差异急迫的窘境,同时也面临对民族独特文化保护与多元文化相互融合的契机。在文化危机与未来展望的考验下,传统武术文化应审时度势,在提升文化包容性的同时规避文化同化。在现代体育文化发展理念与文化传播方式的指引下,传统武术文化更应在正视文化差异与增强文化适应能力的同时,把握文化基因,提高文化自觉,以坚定和睿智的态度与视野借助文化传播、创新文化传播与新媒体文化传播的时代模式,在继承与创新理念的规约下促进传统武术文化的良性循环与健康发展。

参考文献

[1] 孟涛,蔡仲林.传播历程与文化线索:中华武术在美国传播的历史探骊[J].体育科学,2013,33(10).

[2] 邵璐.翻译社会学的迷思:布迪厄场域理论解释[J].暨南学报:哲学

社会科版，2011（3）：126.

[3] 陶金华. 文化场域与生态民族学[J]. 河西学院学报，2015，31（1）：56.

[4] 陈振勇. 人类学视野中的地域武术文化研究[J]. 成都体育学院学报，2016，42（2）：25.

[5] 胡立平，谢谦梅，高成强. 文化传播下传统武术的问阿虎诉求[J]. 南京体育学院学报，2011，25（3）：48.

[6] 洪浩，田文波. 辉煌与寂寥：传统武术的现代化语阐晰[J]. 北京大学学报，2013，36（9）：32.

[7] 张纳新. 基于非物质文化遗产保护视角的传统武术文化保护策略分析[J]. 成都体育学院报，2010，36（2）：56.

[8] 赵传海. 文化基因与社会变迁：中国社会主义路径走向的民族文化解析[M]. 河南大学出版社，2010：37.

[9] 翠英敏，黄聪. 跨文化传播：武术文化传播发展的新视角[J]. 北京体育大学学报，2013，36（7）：38.

[10] 单波. 跨文化传播的问题与可能性[M]. 武汉：武汉大学出版社，2010：129.

[11] 王智慧. 传统惯性与时代整合：武术传承人的生活态势与文化传承[J]. 上海体育学院学报，2015，39（5）：72.

[12] 李守培. 传统武术技术体系标准化及其对策研究[J]. 体育科学，2015，35（2）：84.

[13] 唐小霞. 中医文化的新媒体传播研究[D]. 湘潭大学，2015.

中国武术国际传播下郑怀贤武学思想翻译的可行性分析

曹　云　黎在敏

【摘　要】对郑怀贤先生的武学思想进行翻译不仅可以促进中国传统武术文化的继承和发展，同时也可以促进中国武术文化的对外传播。故本文通过文献资料法以及逻辑分析法对郑怀贤武学思想翻译的可行性进行分析并提出思路。郑怀贤武学思想的翻译可以从以下几个方面着手。首先，积极申请国家立项；其次，利用中国武术翻译为蓝本助推郑怀贤武学思想的翻译工作；最后，充分利用好学校资源。

【关键词】郑怀贤武学思想；翻译；可行性

1　进行郑怀贤武学思想翻译的依据

郑怀贤先生作为中华人民共和国成立以后的著名武术家，武术技艺集众家所长，穷其一生所形成的武学体系在中国武术界影响巨大，对当代的武术教育做出了卓越的贡献，是近代中国武术发展史上宝贵的文化遗产。2015年12月30日，成都体育学院正式成立郑怀贤武学研究所，目的是为了挖掘整理郑怀贤老前辈的武学精髓，使其得到更好的继承和发扬，这对弘扬民族传统体育文化有着极其重要的意义。

习近平总书记指出，在世界多极化、经济全球化、文化多样化、国际关系民主化的时代背景下，人与人之间的沟通很重要，国与国之间的合作很必要。沟通交流的重要工具就是语言。一个国家文化的魅力、一个民族的凝聚力主要通过语言来表达和传递。掌握一种语言就是掌握了通往一国文化的钥匙。学会不同的语言，才能了解不同文化的差异性，进而客观理性地看待世界，包容友善地相处。在当今世界多元的文化交流中，西学东进，东学西传。无论西方还是东方，都需要从不同的文化中获取养分来丰富自己，翻译自然也就成了这其中的桥梁。而英语作为当今世界的通用语言，也属于最大的语系——印欧语系，在文化交流融合的大背景下，武术文化的英译工作也在如火如荼地进行着，各种与武术相关的翻译工具书也相继问世，这些书籍为郑怀贤武学思想的英译提供了蓝本。

成都体育学院目前与国外多所大学建立了校际合作关系，并与20余个国家互派专家、学者开展广泛的学术交流。首先，郑怀贤武学思想作为成都体院武术文化的一部分，作为相互交流学习的内容之一，进行郑怀贤武学思想的翻译工作正当其时。其次，留学生主要以中文学习为主，但是武术中有相当一部分的内容表达晦涩难懂，例如：郑怀贤擅长的孙氏八卦掌，八卦掌这个名称的含义就够中文基础薄弱的国外读者咀嚼一阵或始终云里雾里，因为八卦掌运动时纵横交错，分为四正四隅八个方位，与"周易"八卦图中的卦象相似，所以名为八卦掌[1]。那么，就要通过八卦掌的英译来让他们明白其浅层的含义。所以，正确科学的翻译就显得很有必要了。

2　郑怀贤武学思想翻译现状

目前基本上还未着手进行郑怀贤武学思想的翻译工作，只有《正骨学》一本医学著作被译成外文，传播到海外。《正骨学》一书的翻译为郑怀贤武学思想的整体翻译工作注入活力，提供了一个很好的引领作用。一方面，打破了无人翻译郑怀贤著作的这一局面，也说明了早就有人意识到了郑怀贤武学翻译的重要性。另一方面，强化了郑怀贤武学翻译的力度，再加上国家以及成都体育学院的大力支持，使得全国各地以及世界各地的学者更加关注郑怀贤武学思想。进而将郑怀贤武学思想很好地传播出去，使郑怀贤武学思想得到更好的继承与发展。

3　郑怀贤武学思想翻译的思路

3.1　积极申请国家立项

在我国全面建设小康社会和实现中国特色社会主义现代化的伟大历史进程中，武术文化遗产是推动我国文化大发展、大繁荣，提高我国文化软实力的不可或缺和不可再生的物质资源之一，党的十七大报告明确提出，"要重视文物和非物质文化遗产保护"。郑怀贤武学思想是郑怀贤先生终其一生凝练出的武术精髓，是近现代武术历史与社会发展的见证，是武术文化遗产的组成部分。当代科技的高速发展，为文化遗产保护提供了技术支撑，保护手段也愈发多样化。为了进一步提高我国的文化遗产保护水平，鼓励和引导更多学者参与到文化遗产保护科学技术的研究工作中来，国家文物局将原文物系统内部开展的科研课题立项面向全社会开放，即文化遗产保护科学与技术研究课题立项。那么，郑怀贤武学思想作为成都体育学院的一部分，在对其进行翻译的过程中，可以积极申请国家立项，来促进学者之间的相互交流，通过集思广益，为郑怀贤武学思想的翻译提供宝贵意见，并且此举也有利于郑怀贤武学思想的传播。同时，课题的研究成果也是一种重要的学术资源，肩负着学术研究的传承、积累以及革新的历史任务。

3.2 中国武术翻译助推郑怀贤武学思想翻译

为了适应文化全球化的需要，中国传统文化正在以文化交流和大融合的方式坚持不懈地"走出去"。武术"走出去"的方式之一就是对其相关文字内容进行翻译，并且目前也有许多与武术相关的书籍被翻译出来并且广泛传播于海外，比如《中国基本拳法》《太极拳要义》《武术》《自卫术》《太极拳》《黑带》《功夫》《汉英英汉武术词典》《中国武术段位制系列教程：形意拳》等等。那么，郑怀贤武学思想中的武术是中华武术的一个子集，郑怀贤武学思想的翻译可以借鉴中国武术的翻译。比如郑怀贤精于形意、八卦、太极，那么中国武术也包含这些东西，并且有相关的翻译文本，在翻译郑怀贤武学思想时，中国武术翻译的相关英译本就是很好的蓝本。例如郑怀贤所学的形意拳，在进行翻译整理的时候，完全可以借鉴武术中形意拳的翻译来进行。例如形意拳里的钻拳、劈掌、崩拳这类的词汇，在《中国武术段位制系列教程：形意拳》里给出了其对应的英文，分别是 drill with fist、chop with palm、crush with fist[2]。这些翻译都可以作为郑怀贤所擅长的形意拳的翻译蓝本。"钻拳"中"钻"字的最形象的比喻是在出拳时，像钢钻一样螺旋地打出去，"drill"一词便有钻子、钻孔机的含义，所以用"drill with fist"一词作为"钻拳"是比较恰当的。对"劈拳"的翻译也是可以接受的，因为"劈拳"中的"劈"就是砍的意思，用"chop"来翻译取了该词中"劈、斩"的含义。作者用"crush"一词来翻译"崩拳"中"崩"的含义，也是无可厚非的，因为"崩拳"所表达的是在出拳时要表现出的那个劲力，拳打出去可以使一个物体炸裂的那种气势，"crush"一词有碎裂的含义，所以用"crush"一词翻译"崩"是比较形象的。以上几个词的英译把原词所要表达的东西很生动形象地描述出来了。因此，郑怀贤武学思想可以以现有的翻译书籍或者文本作为其翻译的参照。

3.3 充分利用校内资源

成都体育学院区别于其他学校的地方除了有郑怀贤武学文化思想的熏陶，还有一个就是成都体育学院开设了外语系这个不常出现在体育院校的系别，旨在走"体英结合"的特色之路。国内体育院校中开设有外语系的有北京体育大学外语系（英语专业——国际体育方向）、上海体育学院英语语言文学（体育英语方向）、成都体育学院外语系（英语——体育外语外事方向）、武汉体育学院体育新闻与外语系（体育英语方向）、河北体育学院外语系（英语）、哈尔滨体育学院社会体育系（体育英语方向）、沈阳体育学院英语专业（体育英语方向）、天津体育学院英语专业（体育英语方向）、山东体育学院英语专业（体育英语方向）、西安体育学院英语专业（体育英语方向）、郑州大学体育学院（体育英语方向）。从以上体育学院中开设的英语专业的情况来看，只有北京体育大学和成都体育学院开设的英语专业中涉及了国际或者外语外事方面，其他的体育院校所开设的英语和一般综合性大学所开设的英语专业并没有本质性的区别。因此作为成都体育学院的两大特色，在进行郑怀贤武学思想翻译的过程中，这两者可以完美地结合起来。首先，对郑怀贤武学思想进行挖掘整理的目的就是要继承发展，校内有各个国家的留学生，校外有不同肤色的外国学者。那么，翻译研究的工作就可以利用本校的优秀资源着手进行。其次，成都体育学院英语专业可以将武术翻译纳入运动项目英语这一课程中去，进而对郑怀贤武学思想翻译起到极大的帮助作用。

4 郑怀贤武学思想翻译要注意的问题

立足于武术翻译这一个大方向来说，翻译中出现的问题屡见不鲜，因为中华武术包含了种类繁多的技击技术，沁润了优秀而厚重的中国传统文化，这使得大多数译者在翻译的过程中出现了诸如一词多译、错译乱译等这样那样的问题。以太极拳中的"金鸡独立"为例，"金鸡独立"被译为"golden rooster standing on one leg""golden cock standing on one leg"，这两种译法都是对"金鸡独立"采用逐字翻译的方式进行，这一名称的由来是因为中国古人受中国传统文化中象性思维的影响，在对太极拳的动作命名时，从大自然的万事万物中寻找灵感，根据大自然中事物的动作姿态来命名，这一动作名称就是根据单脚站立的鸡来命名的，因为鸡的单脚站立最具稳定性。所以，对于"金鸡独立"的翻译，上述两种译法都有待商榷，何况，在英文中常见的"鸡"的翻译结果也有"hen""cock""chicken""rooster"等不同的译法。并且"cock"除了有"公鸡"的意思之外，还指雄性的鸟；"hen"特指"母鸡"；"rooster"则专门指"雄鸡或者公鸡"。很显然，"金鸡独立"中的"鸡"应该被准确地翻译为"rooster"，而金鸡这一词的由来有很多说法，《神异经·东荒经》《海中星占》《新唐书·百官志三》中都有相关记载，称金鸡是古时传说中的神鸟，是吉祥之物，又称一种金首鸡形。也指古代颁布赦诏时所用的仪仗，也比喻太阳，还有人称金鸡因其稀少为古时进贡之物，给人感觉似凤，外表高傲，为高贵的象征，因此，将"金鸡独立"中的鸡翻译为"金色的鸡"也是不合适的。所以郑怀贤武学翻译在参照现有武术翻译译本的同时，就不能仅仅只是将其原模原样地照搬，这样只是无意义的资料整合，这并不利于郑怀贤武学思想的高质量的翻译。

5 结论

郑怀贤武学思想是郑怀贤老前辈在对武术的习练与研究中所形成的，与中华武术有着密不可分的关系。郑怀贤武学思想的继承与发展并不只是局限于中国这一片狭小的土地上，要想走出去并在异国他乡获得"持续的生命"，那么对郑怀贤武学思想的翻译工作就应该在挖掘整理之日就纳入日程。郑怀贤武学思想中包含了大量的中国传统文化，对其进行整理翻译并不是一件轻而易举的事情。因此，本文对于郑怀贤武学思想的翻译工作提出了以下几个思路：积极申请国家立项、中国武术翻译助推郑怀贤武学思想翻译以及充分利用校内资源。

参考文献

[1] 百度百科.八卦掌[EB/OL].http：//www．baidu．com/八卦掌．

[2] 赵江莲.《中国武术段位制系列教程：形意拳》[J].河南大学，2015：47．

郑怀贤"武医结合"对武术与民族传统体育专业本科核心能力发展的影响

陈 扬

【摘　要】随着社会主义市场经济体制的不断完善，社会需求的不断变化及高等教育体制改革的不断推进和深化，郑怀贤老先生的学术思想和成就始终伴随着我们，其"武医结合"的思想不仅在中医界口口相传、更是在武术界发扬光大。郑老先生的辉煌成果，正在被他的同道和学生们运用、发展，并在国内外发挥着深刻的影响力。而目前，对成都体育学院武术与民族传统体育专业本科核心能力的培养指出，以郑老先生的"武医结合"为专业的特色，在此基础上全面地分析研究，探索如何科学合理地培养本专业人才核心能力课程体系，并以成都体育学院为例，提出"武医双备，三技兼通"的人才核心能力培养目标。

【关键词】郑怀贤；武医结合；武术与民族传统体育；核心能力

【前　言】在中国武术发展的历史长河中武术家们找到了一种自我保护、自我治疗的方法，那就是"武医结合"。它将医学与武术神奇地融为一体，既保证了武术的发展，保护了武术家的健康，又促进了医学事业的发展，它还是中国运动创伤学的雏形。从而使一大批武术家既是有名的武术家，又是著名的治伤专家，郑怀贤老先生便是其中的佼佼者。[1]

1　明郑氏武学，促道德修养

郑怀贤武术教育思想理论体系可以大致总结为以下四方面：（一）郑怀贤武术教学观念表现在严谨的治学态度、诲人不倦的教学风范、传承创新的教学理念，体现了武术文化内涵及武术的教育价值和功能，以传承中华优秀的传统文化为目的的教育模式是郑怀贤武术教育思想的外延表现。（二）郑怀贤武德教育注意对意志品质的培养，传播武术教育功能的德育功能，提高习武者个人的道德修养，通过传授技术加强道德教育是郑怀贤武术教育思想的内涵。（三）郑怀贤学术思想拓展了武术发展空间，提出武术事业发展的新思路，为武术事业发展打开新的历程，创新武术发展思维是郑怀贤武术教育思想以创新促发展的教育理念。（四）通过以上对郑怀贤武术教育理念、武德教育、学术思想的深入研究，得出郑怀贤武术教育思想的理论体系。[2]

郑老先生是成都体育学院的创办人，学院武术系定期对学生进行武德教育。郑老先生的武德思想对于促进大学生的自我完善，树立正确的价值观、人生观和培养坚强、正义、诚信等优良品格都具有重要的意义。成都体育学院站在弘扬我国优秀传统文化的战略高度，将武德教育作为武术系甚至成都体育学院的道德建设的重要内容之一，并把这种教育贯穿在整个武术教学当中，以此来提高大学生的思想道德水平，并促使大学生身心健康全面地发展，有利于校园的精神文明建设，使整个社会精神文明持续、自然、和谐地发展。

武德是我们中华民族的传统美德之一。武德含义广泛，随着社会的发展，时代的前进，武德的含义也随之变化。武德，潜移默化地教会我们尊师重道、交给我们做人做事的道理。总之，武德在不同的历史时期有着不同的具体内容，作为当今的武德来说，不但应包括过去传统的一些具有人性的道德，同时还包括我们这个时代的一些新的道德内容，我们必须能与时俱进，突破历史局限性，把郑氏武德与当今社会的道德观联系在一起。通过其深厚的传统道德文化的底蕴在教育事业中发挥其促进和提高思想道德素质的作用。

2 知郑氏"武医"，利一专多能

郑老先生在 1958 年前主要从事武术的教学，诊病只是附带工作。自1958 年首办培训班起，便逐渐转为以医学工作为主。董必武在接受最后一次治疗后，对郑怀贤说"郑先生你有这么一手高超的医技，应服务于社会，为广大人民群众造福啊！"郑怀贤受此启发，创办了中国第一家体育医院——成都体育学院附属医院,开创了中国体育医院的先河。1960年,郑怀贤又创办了运动保健系(1978年更名为运动医学系)和运动医学研究室,并担任院长和系主任,亲自传授正骨、按摩和伤科用药的经验。

郑怀贤教授几乎把他的一生都奉献给了武医,这也不禁引发了我们对于武医结合的思考。武医如出一辙,有着几乎相同的哲学方法论基础。练武行医有着这样一个共同的行为准则,即"阴阳调和、刚柔相济"。功与力的共性和共识使武术练习对中医骨伤科一生的手法技术等的发挥具有训练学的意义[3]。一些武术功法套路或节选,在健身,或是康复锻炼中可以得到应用。武伤科疾病应更多地从肢体运动规律来分析伤病的产生、发展和变化机制,从而进行辨证论治。武医结合,结合历史实际,具有深远的现实意义和作用。

3 武医同根同理,共促全面发展

以整个中华古文明为背景,诞生了博大精深的中华武医文化。武术与医学关系密切,儒、释、道、医关于武术的论述是武医学的主要内容。从北京人,山顶洞人,到仰韶文化,龙山文化,中华古文明与武医文化共同经历了漫长而痛苦的发展过程,在这一过程中,作为一种研究人与自然、与社会关系和谐相处的方式方法,以研究人的身心活动为主旨,诞生了武医文化。

中华武术与中医学本自同根生,都起源于中华传统文化,有共同的哲学方法论作为基础。道家思想,阴阳五行都为中华武术和中医学的立身之本,武医同根同理。

自古以来,大多习武之人都多少懂得一点医术。在近代史上,多多少少都有一些人物纪事表明武医两者的互参互荣。武,医相互渗透,相互融合,并且不断丰富,不断发展。

中医学的"精,气,神"观点,形神合一,内外兼修,亦为武术修行的真谛。"练武不练功,到老一场空",习武强调"外练筋骨皮,内练精气神",拳经云:"练气而能壮,练神而能飞""去物欲以养形,致虚静以养神",练武的宗旨是强身健体,自我防护。

中国近现代涌现出的许多武术大家不仅武功高强,而且医术也是相当了得。不光能自己疗伤，还能救死扶伤。像郑怀贤，万籁声，王子平，吕紫剑等不仅是武术界的名家，也是跌打损伤的治疗专家。

武医结合是近现代中国许多武术家的人生历程。而"武医结合"措施的实施对于武术系本科生今后的发展和就业也是相当有帮助的。可以以前辈们创编的正骨理筋手法，养生功法（五禽戏，易筋经，八段锦，木兰拳，简易太极拳）等为基础，传承并加以发展，改编创新出更符合现代人身体素质的养生功法。

基于历史的客观现实出发，做到"武医结合，体医渗透"更能提高身体素质，开展康复指导。在今后的教学和生活中，可以更好地发挥主观能动性，让学生深刻体会到现在的学习对以后的发展和教学的重要性。

4　武术与民族传统体育专业的核心能力

成都体育学院武术与民族传统体育专业的培养目标是培养具备武术与民族传统体育的基本知识、技术与技能，能在学校体育教育、社会体育健康指导、运动训练、安全管理等领域，从事武术、传统体育养生、民族民间体育教学、训练、科研以及安保管理等方面工作的，且具有一专多能的高素质应用型人才。根据社会需求，成都体育学院设定了三个就业方向，分别是：（1）武术演艺与社区指导方向；（2）安保防卫方向；（3）体育教师教育方向。

以社会需求和就业方向为导向，结合校本特色和地域特点，确定武术与民族传统体育专业的核心能力如下："武医双备，三技兼通"。"武医双备"即具备武术与民族传统和中医骨伤学两个方面的知识。"三技兼通"即掌握武术与民族传统体育专业和中医骨伤学两个方面中的各三项技能。

武术与民族传统体育方面：第一，掌握本专业核心技能，即"一套精湛的武术套路"或"一套散打格斗技术"（达到武术 5 段，相当于一级水平）；第二，掌握"一套娴熟的养生功法"；第三，掌握"一项熟练的民族民间传统体育项目"。

中医骨伤学方面：第一，掌握"一套较完备的中医基础理论"；第二，掌握"一套系统的中医传统疗法"；第三，掌握"一套熟练的按摩手法"。

5 结语

郑怀贤先生将毕生的心血赋予了武术和医学。给我们留下了一个较为完整的学术体系，因此成都体育学院武术系在人才培养过程中，必须注重质量是生命，特色是关键，把武医结合的培养理念发展起来。不同的高等体育院校应根据自身的地域条件和优势，加强专业特色课程的开发，以培养出人无我有，人有我优，人优我特的人才，真正体现出自己的办学特色，树立与众不同的品牌形象。

参考文献

[1] 刑照利. 郑怀贤武术教育思想的口述研究[D]. 成都体育学院. 2013.

[2] 张继红，侯乐荣. 郑怀贤"武医结合"伤科学术思想的整理与思考[J]. 成都体育学院学报，2016，02:98-102.

[3] 柏昱. 绝技写春秋——著名武术家郑怀贤先生传略[J]. 体育文化导刊. 1993.（5）：39-43.

[4] 张先发，叶守贞. 郑怀贤教授学术体系形成的初步探讨[J]. 成都体育学院学报，1994，20（1）：1-5.

武技·武理·武医

——自成体系的郑怀贤武学思想研究

陈玉民　张　敏　潘文斌

【摘　要】郑怀贤堪称中华传统武学思想的集大成者,郑怀贤不仅以其卓越武技出类拔萃,而且更以其卓识的武理与武术精神永远昭示着后世武林。同时,作为其毕生心血结晶的武医,仍然在其数以千计弟子们的传承之下,为中国体育可持续事业发挥着不可或缺的巨大贡献。与传统的"由武技而武理"所不同的是,郑怀贤的武技、武理、武医一脉相袭,且顺理成章地建构起了拥有其自成体系的独特的郑氏武学思想。

【关键词】武技;武理;武医;郑怀贤;武学思想;自成体系

【前　言】武与医同源,武术与医学都讲究阴阳调和与刚柔并济;武与医同理,武理与医理都讲究功、力、气、血的瞬息调整。说来容易,做来却极难,而郑怀贤正是这样一位秉武执医的杰出人物。论武,郑怀贤早在民国时期便已功成名就并威震华夏;论医,不仅郑怀贤本人亲自为多位国家领导人施治过,而且郑怀贤遍布海内外的数以千计的弟子们至今仍或执医国家队,或执教于高等院校。从这两方面而言,郑怀贤可谓中华历史上最名副其实的中国武协主席。郑怀贤不仅是中华武学忠实的实践者,而且更是中华武学思想的集大成者,同时,郑怀贤亦是中华医学史上卓有建树的功勋人物。以此微文探析武术与武医双料大宗师郑怀贤的武学思想精髓,旨在弘扬其所肩负着的中华民族文化精神,以及其武学思想所辉映着的武学灵魂。

1 郑怀贤武技思想体系

1.1 郑怀贤的飞叉类器械与技击体系

值得一提的是,1936年8月7日,在德国柏林举行的第11届奥运会上,郑怀贤以其超高武技成为了绝无仅有的能够技惊希特勒的中华杰出武林人物。在希特勒欲与其握手时,郑怀贤先将德国体育部部长的手部脉门扣住令其在握手时全身瘫软双膝跪地,从而间接地拒绝了希特勒的握手。郑怀贤虽不是中国奥运第一人,但绝对是奥运会上以武技震惊世界的第一人[1]。器械与技击是郑怀贤武学思想中支撑其行走的双足,器械上,飞叉从表象上震惊了世界,而从武学思想的角度看,则成为郑怀贤技击体系的一种形而上的外延;技击上的"走""控"双绝,从武学思想上的角度看,成为了器械表象的一种更深层次的武学内涵支持。器械与技击的双修,为郑怀贤武学思想带来了更为宽广的发展空间与广度深度,同时,也为未来武学思想的创新发展带来了发展的新思路。郑怀贤武学思想在重视武技的同时,更注重道德修为,由习武动机到习武心态,再由心武动机心态到人品素质,以及更加重要的道德行为的全方位提升。

1.2 郑怀贤的擒摔与八卦体系

从武学思想的角度来看,传统的武术门第之见与狭隘的武术有限传承,实际上较大程度地消解了中华传统武学中真正的精华,而郑怀贤的广采博收,以及其针对各个门派的毕生探索与思考,则使其能够比其他宗师更能做到摒弃门第之见,正因如此,郑怀贤的武学思想才得以呈现出不囿于传统的大宗师的宏大格局。同时,武学思想的宏大格局亦决定了一位大宗师的武道根基。郑怀贤游学于多个门派之间,其摔跤、推手、八卦、擒拿、戳脚等均各有所建树,武学的习得过程之中,通常入门较易,而真能独得宗师真传则甚难,幸运的是,郑怀贤恰是武林之中独得多项武技真传的佼佼者,而这些武技真传最终成为了郑怀贤哲武法则之中不可或缺的基础架构。郑怀贤的武学思想为后世的哲武思想开辟了理论先河,弱门派的观念成为建构未来武学思想的重要基石,博采众家之长的深度武学体验则成为武学思想中的化有限为无限的利器,此二者最终交汇成了武学中符合易经变易思想的武学灵魂。

1.3 郑怀贤的卸骨打穴体系

众所周知，郑怀贤是武林中人共同景仰的一代大宗师，其真传绝技无论是闪展腾挪的身法与步法，还是其沾人控人的手法，抑或是其瞬息万变的眼法与其时刻骤变的技法等，都已经达到了上乘的境界，这使得郑怀贤实际上已经成为武林中罕有的全面型与全能型大宗师。尤其是在实用技击的技战术方面，郑怀贤的武技更是获得了武林中人的一致钦佩、推崇与尊敬。郑怀贤集其毕生精力所致力于的卸骨打穴等武技，既突破了传统的单一性武技的局限性，又突破了器械技击等的击打目的的模糊性限制，形成了郑氏所特有的卸打合一的近身绝技。郑怀贤以其卸骨与打穴成就了其武学思想中的既能够破坏人体局部架构，又能够实施精确打击的强大的技击思想。从而成为了中华武技的一体化武学思想与一体化武技技法深度的融合者与集大成者。至今意大利华人武馆中仍然高挂着郑怀贤的照片，关于郑怀贤武技的逸闻趣事也不胫而走，广泛流传于海内外华人之中。

2 郑怀贤武理思想体系

2.1 郑怀贤的劲力与中气修习体系

郑怀贤不仅以其武技而成为一代武林翘楚，更以其自成体系的一脉武理成为一代武理宗师，郑怀贤的传奇经历之中无不渗透着其传世的武学思想。武既是武技的归结，又是武技的结晶，同时，更是表象化武技的一种形而上的升华。武理是武技境界的上层建筑，武理重在以娴熟武技气机充盈躯体之后对心志的修炼与气度的涵养，最终达到由技而理的至高境界，亦即后天武技圆满升华为以后天填充先天的一种武学灵性的圆满[2]。对郑怀贤的武理思想体系的最终完形进行剖析，其最初的博采众长显然是武理的最初境界，武理的第一境界显然是以练武、练技、练功为接引的体练过程。与自然的因水生波、因火成炎相同，郑怀贤的武理体用也是因敌成体，才能在临敌时化指为枪，可见，郑怀贤的武理思想已将武艺由追求技法的层次上升到了探求劲力自然规律的层次，这显然将对中华武术未来的发展起到举足轻重的作用。由此来看，郑怀贤在授徒过程中所强调的中气入拳理念更将武学修习上升到了一个更高的境界。

2.2 郑怀贤的走控双赢体系

武理是武术造诣极致之后的自然体现，同时，也是武学修为达到融会贯通的第二个境界，在第二个境界中第一境界的练体、练劲转为练气，由练气而产生内劲，形成以内劲为发动机体系，以武技为载体，以武理为升华的武学的较高级境界。郑怀贤在武学教学过程中倡导内劲内驱理念，总结了内劲的体用规律，并将这一规律拟之于自然，用之于实战。从而彻底地揭示了武学思想中形、意、气、神四者的辩证关系，以及因敌成体理念与其实战过程中的体用规律，郑怀贤通过其武学修为与武学习得为武学理论的发展塑造了一个可望而不可即的巅峰。尤其是郑怀贤突破了器械与技击的传统认知的单纯的形与意的过度局限性，以"走"化形，既通过"走"灵活变幻技击中的真意与假意，又以"走"轻松化极于虚，化解对手的形与意的体用，从而达到技击控人的化境，郑怀贤武理中的以"走"与"控"的貌似无所不用的理念，达成了事实上有限体用与无限体用的双赢目的。

2.3 郑怀贤的万拳之基体系

武理更讲求天人合一的归化境界，无论是武学之中的阴阳之道，抑或是武学之中的刚柔并济，最终都将殊途同归，武理的至高境界就应该像水一样无物可挡，而这才是武理的第三重境界。从武理而言，郑怀贤一直认为世间只有极理，而无极拳。在传授心法的过程中，郑怀贤强调拳忌僵化，拳靠变化，强调唯变化方能"化有限为无限，以有极做无极"，进而方能完形为"正和奇胜"的至高武理道统之境。郑怀贤所贯彻始终的武理不仅在于领悟道法自然的客观规律，而且更在于体悟人与道合一的通过主观认知灵活运用道法自然的客观规律，从而创建随心所欲的体用自如、体用自然、体用无极的武学自由王国，而这才是武学真正的大成之道。可见，郑怀贤武学思想的彰显，不仅因其武技已趋绝顶的登峰造极，而且更通过其高迈深沉的武学智慧的体察入微。从这种意义而言，武理是武技最后"进来"的东西，然而在武术的技击实践过程之中，"武理"则是最先出去的东西，因此，郑怀贤武理中的"走"与"控"才是真正的万拳之基。

3 郑怀贤武医思想体系

3.1 郑怀贤的骨伤体系

郑怀贤是举世罕见的疗效如神的一代骨伤圣手，其毕生心血最终凝结成了骨伤武医施治的绝对权威性。由武技武理可知，武医与武技武理不仅同根亦同理，并且互参且共荣。武技武理与武医同样植根于中华传统文化，有着共同的可互参的根性与互益共荣的哲学方法论的灵魂。中华传统的道家精华，与易经中的阴阳五行等易理精华，共同融汇成了武医的思想架构。在数十载的武医实践过程中，郑怀贤不仅以其武技武理而拥有着武术大宗师的侠骨豪情，而且更以其武医大宗师的医术体系而拥有着作为医者的一腔仁心。郑怀贤的武技武理中的卸骨打穴擒拿等武技，恰恰为其成为一代武医大宗师提供了一种反向实践的绝佳的技能基础，在武技武理的反向实践过程中，最大限度地提升了其对于人体的内部骨骼、内部结构等的进一步认知，现代医学界中无人能够达到郑怀贤的武技武理境界，因此也较难如郑怀贤一般快速地窥武医堂奥。

3.2 郑怀贤的伤科诊疗秘术体系

骨科中的伤科正骨，是郑怀贤武医思想最主要的结晶，其伤科秘术以郑氏正骨十二法（摸捏按、提拉顶、端送搬、摇旋挂）与郑氏按摩十三法（抚、摩、揉、捏、搓、擦、推、按压、摇、晃、抖、提弹、振叩）为要而自成体系，并且，在郑氏武医思想体系之中，还衍生出了由郑怀贤所独创的经穴按医八法，以分合揉掐、摩推按拿的方法触及由郑怀贤所独创的武医体系架构内的五十五个伤科验穴，仅此一点，便使现代医学按摩难以望其项背。不仅如此，在其数十载的大量临床工作过程中，郑怀贤更总结出了"骨折脱位不治筋，十治八九难屈伸"等伤科诊疗秘籍。曾亲手医治过周恩来总理等党和国家领导人的郑怀贤本人虽已仙去，但其武医体系数以千计的传承弟子们仍然活跃在中国伤科运动的诸多领域之中，更有弟子作为中国体育健儿们的随队医生，而经常出现在世界各大体育盛事之中，为中华体育健儿保驾护航，从而实现了郑氏伤科诊疗秘术武医思想体系的活态性延续[3]。

3.3 郑怀贤的伤科秘术的运动创伤体系

郑怀贤的武医思想体系中的伤科施治，重在人体运动功能的快速恢复，并由此创立了郑怀贤得以著书名世的继其武学大宗师之后的医学大宗医思想体系。早在现代医学仅具雏形的20世纪中叶，郑怀贤已经以独具慧眼的大宗医思想认识到"骨为干、节为枢、筋为动、肌为辅"等大宗医医理，进而通过人体宏观视野形成了伤科医理的宏大格局[4]。郑怀贤的武医理念视人体为有机整体，主张综合施治与伤科外治，同时，针对伤科临床更形成了其"首治心神"的先进武医理念，以宏观格局与科学解剖为伤科施治提供先验式的科学依据。在以医者的功力、技法、手法为主的施治过程中，郑怀贤亦以验方与方药施以必要的促进与辅助。在其数十年的伤科临床工作过程中，更独创了"新伤药'特效一号'""舒活""虎骨""木瓜"等速效药酒，以及"铁弹""三七""抗骨质""活络"等卓效膏散丹丸，这些由郑怀贤所独创的药物与其大宗医思想一道既为后世医者提供了可法良规，又为后世病患解除了伤痛[5]。

4 结语

郑怀贤先以一代武师威震中华，后以一代名医享誉天下。作为一代武学大宗师，郑怀贤著作等身，尤以其《武术套路编制原则》等武技、武理武学思想理念流传及今；作为一代医学骨科大宗师，郑怀贤亦以其《正骨学》《伤科诊疗》《伤科按摩》等武医思想理念自成体系。武极而理，理极而医，由武理所承上启下的武技与武医成为了郑怀贤永远垂于青史的两座巍巍丰碑。郑怀贤不仅是中华传统武技的最重要的踵继者，亦是中国传统武技的最重要的亲历者，同时，更是中华传统武技尤其是中华传统伤科医学的最为重要的开拓者。郑怀贤所致力的中华武学与中华武医两大事业，均以其郑氏武学思想并蒂莲开，形成了郑氏武学思想彪炳于世的两大思想支柱，同时，其武技与武德更成为了沟通其武理与武医的不可或缺的重要武学枢纽，而支撑郑氏武学思想的则是贯穿郑氏武技、武理、武医三者的郑怀贤一生践行着的令人景仰至今的崇高武德。

参考文献

[1] 张先发，叶守贞.郑怀贤武术体系形成的初步探讨[J].成都体育学院学报，1994，S1：1-5.

[2] 邢照利.《郑怀贤武术教育思想的口述研究》[D].成都体育学院，2013.

[3] 邢照利.郑怀贤武术教育思想的口述史研究[D].成都体育学院，2013.

[4] 张耀红，侯乐荣.郑怀贤"武医结合"伤科学术思想的整理与思考[J].成都体育学院学报，2016，02：98-102.

[5] 张先发，叶守贞.郑怀贤教授学术体系形成的初步探讨[J].成都体育学院学报，1994，S1：1-5.

[6] 冉德洲.初探郑怀贤教授对伤科中药的贡献[J].成都体育学院学报，1994，S1：6-9.

[7] 扈克文.郑怀贤学术思想在市场经济中的价值[J].成都体育学院学报，1994，S1：45-47.

[8] 柏昱.绝技写春秋——著名武术家郑怀贤先生传略[J].体育文史，1993，05：39-43.

峨眉武术非物质文化遗产的数字化保护研究

代凌江 郑 强

【摘 要】本课题以峨眉武术非物质文化遗产标准化保护作为研究内容，通过对峨眉武术非物质文化遗产的保护现状、保护内容、保护方法、数字化保护技术、数字化采集标准、峨眉武术非物质文化遗产的数据库及网络平台的建设等问题进行了深入细致的调查采访、资料收集、数据采集和数字化技术研究，致力于峨眉武术非物质文化遗产数据库和峨眉武术网络平台的建设，对正在进行的峨眉武术非物质文化遗产的标准化保护工作提供一条清晰的方向指引和技术路径。

【关键词】峨眉武术；非物质文化遗产；数字化保护

【前 言】每一个民族在其历史发展中都会形成一些恒久的理念和价值观念，这是一个民族的宝贵精神财富，是一个民族基本的价值判断和民族心理形成的重要依据。中华民族优秀传统文化正是中华民族的脊梁，是中华民族的灵魂，是维系中华民族繁衍生息不断强盛的精神家园。中华民族优秀的传统文化是我国文化软实力的基因所在，我国文化软实力的提升必须注重优秀传统文化的教育和传播。因此，加强对中华民族优秀的传统文化的传承、保护、教育和传播是增强我国国民对本民族文化自觉、文化自尊和文化自信的根本需要。

峨眉武术作为久负盛名、别具特色的一种地域性武术文化内容，在非物质文化遗产背景下的峨眉武术的概念是：起源于四川峨眉山及整个巴蜀大地，并广泛流传于其他地区，以峨眉命名的，以巴蜀地域文化为根基的，具有鲜明巴蜀地域特色的武术内容和形式的总称。[1]由于峨眉武术的发源地和主要流传地四川（包含现在的重庆市）近数百年来动乱不断，历史典籍中曾经记载的，峨眉武术传承人中口口相传的巴蜀本土的峨眉派武术不少已经失传，又由于民间传统武术传承方式的保守和落后，注重口传身授，代师收徒，正宗单传，故不少拳法仍鲜为人知。近年来，随着乐山大佛—峨眉山景区成功申报世界物质和文化双遗产，峨眉山地区的旅游呈现高速发展的态势，以峨眉山为标志物的巴蜀地域武术品牌——峨眉武术也同时得到了很大的宣传和发展，2007年成功申报为国家级非物质文化遗产，并相继举办了五届中国四川（国际）峨眉武术节。但由于峨眉武术品牌的申报保护地峨眉山地区将经济发展的重点一直放在佛教文化旅游、休闲度假旅游等方面，对峨眉武术品牌的依存度很低，因此，对峨眉武术文化发展方面的重视程度不够，资金投入严重不足，峨眉武术人才培养、文化宣传、推广方面力度不够，再加上几十年来大力推广的竞技武术的挤压和影响，整个川、渝地区武术馆校中真正习练传统峨眉武术的学员人数极少。在上世纪八十年代，四川武术挖掘整理工作中收集的武术资料大多已散落或遗失，而当时认定的，作为峨眉武术传承人的许多老一辈的拳师、武术家，随着岁月的流逝大多数已经不在人世，传统的峨眉武术正面临着失传的危险，急需抢救性地挖掘、系统性地整理和规范化地保护。

近年来，国家武术管理中心主要着手十个方面的中国武术标准化体系的建设工作。在树立中华武术的"大武术观"和推动武术标准化[2]的新时期武术工作思想的现实背景下，利用现代化的数字技术对峨眉武术非物质文化遗产进行标准化保护研究，可以让我们把峨眉武术的所有资料（含文字、图片、视频、音频），比如拳谱、书籍、电视、电影、宣传报道、社会活动、大型赛事、文化研究等全部用数字化技术以拷贝的方式无遗漏地记录下来，可以最大限度地保留峨眉武术文化的原汁原味，使之保存方便、一目了然、方便迅速、包罗万象，便于广泛地宣传和推广。

1 峨眉武术非物质文化遗产数字化、标准化保护方法和建设措施

1.1 峨眉武术非物质文化遗产资源的数字化、标准化保护方法

峨眉武术非物质文化遗产资源的数字化、标准化保护的重要方法就是对峨眉武术非物质文化遗产资源进行数据化采录，主要有以下内容。

文本数据：已经形成纸质文本的内容要通过电子录入，通过扫描仪进

行纸质资料的全文扫描，并进行文字识别，最终形成电子文本或者电子书。已形成电子文本的内容要通过格式、文字的处理，最终形成规范的电子文本或者电子书，然后导入峨眉武术非物质文化遗产数据库进行最终的保存。

图片数据：通过数码相机直接拍摄，用扫描仪进行物理的图片、照片的扫描，在数字视频方面，利用图片的抓取等方式进行图片收集、格式处理、分档归类。然后导入峨眉武术非物质文化遗产数据库进行最终的保存。

音频数据：通过数字音频录音软件或者设备进行直接录音，通过音频采录软件和设备对峨眉武术非数字录音进行采集和处理，或者从现有的音频数据中进行直接的截取，并进行音频标准格式的处理和转化，然后导入峨眉武术非物质文化遗产数据库进行最终的保存。

视频数据：通过数字视频录像软件或者设备进行直接录像，通过视频采录软件和设备对非数字录像进行采集和数字化处理，或者从现有的视频数据中直接截取，最终将视频数据格式化后导入峨眉武术非物质文化遗产数据库进行最终的保存[3]。

1.2 开展峨眉武术非物质文化遗产普查工作是数字化保护的基础

峨眉武术非物质文化遗产的普查工作是抢救与保护峨眉武术非物质文化遗产的首要任务，收集所有的峨眉武术文化遗产原始资料，完成对峨眉武术非物质文化遗产数据的标准化格式的数字化采集、记录和保存，并整理归档，也是实施峨眉武术非物质文化遗产数字化保护措施的前提。普查中的一项重要工作是采集峨眉武术非物质文化遗产的文字、图片、音频、视频资料，全面而科学地采集峨眉武术非物质文化遗产作品，如实地记录下各种武术文化事象，只有这样才能保存并还原流传至今的峨眉武术非物质文化遗产的真实面貌。只有做好峨眉武术非物质文化遗产的普查工作，摸清底数，建立峨眉武术非物质文化遗产数据库，才谈得上实施峨眉武术非物质文化遗产数字化保护工作，抢救与保护也才更有针对性。对峨眉武术非物质文化遗产的普查工作要体现全面性、代表性、真实性的指导原则。所谓全面性，是指在峨眉武术非物质文化遗产的新一轮普查工作中要兼顾不同地区、兼顾不同人群、兼顾不同拳种、兼顾不同形式地进行全面调查和采录。所谓代表性，即在全面掌握某地区的峨眉武术非物质文化遗产蕴藏情况的基础上，选择有代表性的武术人物、有代表性的武术形式、有代表性的武术内容等，加以认真、科学地采录。所谓真实性，是指在进行峨眉武术非物质文化遗产普查时要如实地采录讲述者讲述的原貌，记录表演者的原生态动作形式与内容，保持武术拳种、内容和形式的原状，不加修饰地将其记录和描述下来。只有符合这"三性原则"的普查和采录成果，才是真实而有价值的武术资料，才是原汁原味的峨眉武术文化遗产[4]。当然，对经过改良和创新的峨眉武术文化内容也要如实地记录下来，因为它们的产生是对峨眉武术非物质文化遗产的继承和发展，很多年后也会作为武术文化遗产的一部分传给我们的后人。

1.3 建立峨眉武术非物质文化遗产资料数据库

第一是要构建峨眉武术非物质文化遗产资料目录数据库，建立资料性的符号库和素材数据库。这样既能满足数字资料信息管理的需要，又能提高爱好者、研究者和保护者查询武术相关数据的效率，还能拓展我们对峨眉武术非遗的保护思路，促进创新思维，从而整体提升对峨眉武术非物质文化遗产保护和研究的水平。

第二是实施大量峨眉武术非物质文化遗产纸质资料的数字化工作，这是峨眉武术非遗数字化建设中一项较大的工程，由于资料数量庞大，我们需要有重点地、分期分批地实施此项数字化工程。可以通过扫描仪扫描，利用文字识别软件（OCR）来帮助完成，最后制作成文本文件或者是将资料文件按页扫描成图片存入计算机。

第三是实施峨眉武术非物质文化遗产图像资料数字化的工作，为图像信息建立索引，方便数据库使用者检索。鉴于峨眉武术图像资料采集的规模以及数字化过程中特殊的采集、存储分式，我们需建立专门的数据库，首先对搜集的照片进行考证、著录，然后通过扫描实现数字化，最后直接针对图像建立索引，可以按照颜色、图案来索引峨眉武术非物质文化遗产项目相关的图片，还可以用边缘轮廓结合其他图像处理技术或索引人脸图像等方式。

第四是构建峨眉武术非物质文化遗产多媒体资料信息数据库，为多媒体信息建立索引，让数据库用户进行有效、方便地了解以及便捷的学习和查询[5]。

1.4 基于峨眉武术非物质文化遗产数据库基础之上的非物质文化遗产的数字化复原和再现

利用数字化保护技术建立峨眉武术非物质文化遗产数据库，在此数据库的基础之上；利用当今非物质文化遗产保护中广泛应用的多媒体虚拟场景建模、多媒体虚拟场景协调展示等数字虚拟现实技术，对峨眉武术非物质文化遗产内容进行全方位、多角度的真实再现；利用数字技术和多媒体技术建立包括与峨眉武术文化遗产相关的文字、声音、图像、视频和虚拟现实在内的多媒体的数字博物馆，实现峨眉武术非物质文化遗产的数字化复原和再现。

1.5 峨眉武术非物质文化遗产的数字化展示与传播

在峨眉武术非物质文化遗产的宣传、传播方面，基于数字媒介的统一平台而建立的峨眉武术非物质文化遗产数字博物馆，将多种媒介形式的峨眉武术非物质文化遗产信息整合在一起，借助多媒体集成、数字摄影、虚拟现实等技术，在不动用文化遗产的情况下，通过四通八达的网络环境，使峨眉武术非物质文化遗产的展示、传播与利用变得极为便利和充分，借助网络打破了特定时间、特定场所的限制，摆脱了传统意义上武术博物馆所必需的建筑、陈列、参观时间等条件的束缚，任何人在任何时间、任何地点都能从网上方便地获得需要的有关峨眉武术非物质文化遗产的信息，使海量存储的峨眉武术文化资源得到最大限度的展示、利用和共享，能够方便、快速、高效地满足广大用户和武术爱好者的需求，使之成为现代技术条件下最适合于峨眉武术非物质文化遗产面向大众进行传播的一种全新的应用平台，这样可以最大限度地实现峨眉武术非物质文化遗产资源的利用、共享和传播[6]。

2 峨眉武术非物质文化遗产网络展示平台建设前景展望

峨眉武术非物质文化遗产网络展示平台建设是峨眉武术非物质文化遗

产数字化保护工程建设的最重要的阶段性目标。四川省武术协会官方网站上有峨眉武术专栏,组织编写了《峨眉武术史略》;成都体育学院武术系成立非物质文化遗产研究基地,基地科研人员对郑怀贤武学思想和技术体系进行了深入的挖掘整理,出版了一套郑怀贤武学众书,同时,基地科研学者对巴蜀地域峨眉武术、青城武术进行了深入的调查研究;乐山师范学院峨眉武术文化研究所尝试搭建"峨眉武术文化研究所"网络平台(内网测试中);中国峨眉武术研究会开办了中国峨眉武术网、峨眉武术产业基地网;峨眉武术文化研究学者尝试开通了峨眉武术非物质文化遗产保护研究网(网易博客);乐山市政府和峨眉山市政府每年都划拨相当数量的项目经费用于峨眉武术非物质文化遗产的数字化保护工作,由乐山市科技局立项的市级重点项目——"乐山非物质文化遗产数字化平台建设研究与开发"课题,正在加紧建设的乐山市非物质文化遗产数据库,峨眉武术是其主要内容之一。相信在不久的将来,以峨眉武术非物质文化遗产数据库为基础的峨眉武术网络展示平台将呈现在大家的面前,真正实现对峨眉武术文化遗产进行标准化和数字化地保护和传播。

参考文献

[1] 峨眉山市文体局,峨眉山佛教协会,国家级非物质文化遗产申报书——《峨眉武术》,2007.

[2] 高小军. 树立大武术观 加强标准化建设 推动武术事业全面、协调、可持续发展,2011年全国武术协会主席和秘书长联席会议上的报告,山西太原,2011.

[3] 甘源,张震,刘延锋. 河南省文化厅非物质文化遗产数据库建设课题:河南省非物质文化遗产数字资源加工标准规范(项目编号:2010FYSJK001),2010.

[4] 刘锡诚. 新世纪民间文学普查与保护的若干问题,中国非物质文化遗产网·中国非物质文化遗产数字博物馆[EB/OL],http://www.ihchina.cn/main.jsp.

[5] 郑强,薛建平、叶三强、席毅强、刘锂、杨帅. 乐山市科技局重点研

究课题:乐山非物质文化遗产数字化平台建设研究与开发(项目编号:10SZD008),2010.

[6] 郑强,薛建平、易新忠、杨帅.乐山职业技术学院院级课题:乐山市非物质文化遗产旅游资源的数字化保护与研究(项目编号:KY09-01),2009.

武医结合视域下传统武术的"入世"与"出世"解读

姬瑞敏

【摘　要】审视传统武术的"入世"与"出世"形态，考略武术与中医结合的源流根基，于"文化自觉视域下"，体现为"民族性"与"时代性"的超越维系，"共性"与"个性"的主动调适，"自塑"与"他塑"的理论思考。传统武术在文化"百家争鸣"与"百花齐放"中寻觅自我创建与厘革的发展空间，在自我认知与整合中探求生存张力，在内源压制与外源误读中探索自我反省的路径，集中体现为传统武术在多元文化环境中，生存空间逐步被压缩。本文借助文化自觉理论分析，探讨传统武术回归"武医结合"发展的必要性和必然性，传统武术对自身"出世"与"入世"的据理力争。

【关键词】文化自觉；武医结合；传统武术；出世；入世

【前　言】"文化自觉(cultural consciousness)"由社会学家费孝通提出，提出该思想的初衷并非为了研究中西方的文化差异与文化融合，出发点在于进一步清醒认知本民族文化。具体而言，指"生活在一定文化中的人对其文化具有'自知之明'，明白其来历及形成过程，所具有的特色以及发展的趋向"[1]。理性把握传统武术文化的源起，衍变与发展，进而延伸探讨传统武术与中医之间的关系。借用"文化自觉"思想，分析处于多元文化交融板块的传统武术，在"出世"与"入世"之际，应明晰自身在发展过程中存在的问题，及时觉醒。合理分析如何在文化全球化环境下为自身"生存"争取空间，结合中医理论体系丰富自身精神外壳，适时构建。

1 自我觉醒:"入世"历程之回顾

1.1 "百花齐放"的时代语境

传统武术作为中华民族独有的文化标识,是中华民族独特的符号记忆,是中国传统文化的集大成者,更是与中医的多种理论一脉相承。传统武术不仅内含了"技击性""教化""传统文化"等特质,更是凝聚了中医阴阳调和、五行学说、经络理论等内涵丰富的文化,是我国传统文化发展历程的时代缩影。随着经济全球化而来的文化全球化,促进了多元文化间的频繁交流与相互融合,多元文化的汇集与交流拓宽了传统武术的发展领域。但"百家争鸣"加剧了各文化冲突与移植的矛盾,文化"霸权主义"愈演愈烈。仍旧遵循"保守"发展的传统武术,在这场愈演愈烈的文化交流之战中似有隐退之意,但这是"顾影自怜"还是拒绝"削足适履"?

对于传统武术自身的生存境遇分析,不能仅局限于当代文化发展的"时代语境",还须立足于多维文化的时代底板,依照传统武术丰厚的文化底蕴,进而详尽考究。形意拳大师李仲轩在"逝去的武林"中谈到,"旧时学武,总是讲拳的多,说功的少。学到拳的是学生,学到功的是徒弟。[2]"旧时的武者为了能够学习某种技法或拳种,最终达到机体与技法、身体与拳法的协调统一。而传统武术与中医共同生长于中华文明的土壤中,二者均蕴含了东方哲学的丰富的文化元素,并借助内涵多元的哲学思维和文化要素构筑属于各自的理论框架。且二者的理论基础出于共同的载体,武术的哲学理论主要有天人合一、术与道、阴阳五行、八卦等,而中医哲学理论主要基于阴阳学说,调和人类机体内的阴阳平衡、中和平衡,从而达到人体内气血运化的平衡稳定。中医与传统武术对诸多事物的认识与分析均有相同之处,为武医结合奠定了坚实的理论基础。

1.2 多维文化的时代底板

"传统武术'起于易、成于医、附于兵,扬于艺',是古代哲学、医学、兵家、艺术融合而成的载体。"[3]传统武术作为中国传统文化的构成成分之一,与中医、戏曲等一样,是传统文化的载体,是饱含东方文化底蕴、内涵中医文化元素的集合体。在多元文化的大熔炉中,传统武术备受"文化侵略"与"文化移植"的销蚀,似乎已身处"水深火热"之中。王林在"非物质文化遗产视域下传统武术传承的原生态回归"一文中提到:"文化通过两种不同的方式发展,一是趋同,一是变异。趋同是一种纵向发展,亦可称其为趋于共同的方向。但所谓的'同'也不是绝对的'同',依然包孕了许多'大同'之下的'不同'。[4]"纵览传统武术与中医的发展历史,二者均有自己的发展脉络和发展历程,各自在不同的领域发挥功能,详尽分析二者内涵的文化特性及实践成效,可发现它们存在着相互借鉴、相互影响的现象。

抛却传统武术与中医间的关系,探讨竞技武术与西医的相似之处,竞技武术源起于传统武术,但在其纵向发展过程中,"趋同"了西方竞技体育的"高""快",变异了自身传统元素的核心。追根溯源,中国原本没有现行的西方竞技体育模式,但历经全球性多元文化浪潮的"洗礼",奥林匹克运动"更高、更快、更强"的理念以迅雷之势入驻这个注重"谦谦君子"的民族,使蕴含浓郁传统气息的中国武术,陷入西方竞技体育发展模式的泥淖。正如中国近代思想家梁启超所言:"当时歌颂科学万能的人,企望科学的成功会出现'黄金世界'"。而今我们不仅没有得到所谓的"黄金",反而出现诸多曲解和误读。西医同竞技武术类似,倾向于追求"快",倾向于以药物治疗代替人对机体肌肉和经络的刺激和治疗,因此,面对西医和竞技体育的介入与冲击,审视传统武术与中医在继承与发展过程中的时代境遇,面临着"脱域"抉择与根基维系的难题。

1.3 "百家争鸣"的根基维系

著名文学家鲁迅先生曾说过:"有地方色彩的,倒容易成为世界的。"[5]传统武术作为华夏民族特有的文化集合体,主张以整体观为基础对身体进行刺激,通过外界的肌肉刺激,使习练者逐步由筋、骨、皮的外围体会深入到精、气、神的内部记忆。客观事物的存在不以人的意志为转移,因此,传承千载的中国武术逐渐形成一个民族的独特记忆。传统武术作为传统文化的守望者,无论是否能进军奥运,"优秀民族文化"的标签都始终存在。中医认为,"人是一个有机整体,在结构上不可分割,在功能上相互调节,相互制约,病理上相互影响。"[6]人体的各器官均是其机体的重要组成成分,脱离了机体而独立存在便失去了其特有的功能和作用。若传统武术的发展高度仅停留于能不能"入奥的层面",便失去了它作为传统文化代表的意义。中医作为中国传统文化不可或缺的组成成分,发挥着他物无法替代的作用,若因为西医的介入让中医失去了自身特有的功能和文化特色,那么中医便不再被称为"中医"了。

与其他事物的发展相仿,"文化的发展亦须历经冲突的萌芽、发展、对抗和解决的过程。可以理解为文化冲突是文化发展过程中内部与外部矛盾的展开和解决,是文化发展的根本动力。"[7]文化冲突不仅通过危机认知促进文化主体的自我觉醒与反思,而且可以为某一阶段的文化转型供给基础、涵化力量,是文化转型的必经之路。冲突的末端是认同的起点,美国跨文化传播学者卡里·杜德经研究发现,"个体与另外一个与我们群体不一样的个体交谈的时候,我们必须带着一种'文化自觉'(cultural consciousness)去听和说。"结合学者费孝通的"文化自觉"理论分析,传统武术在实施"文化自觉"行为的过程中,需围绕三个层面展开分析,以自我建构为中心,以自我觉醒和自我反省为基本点。作为传统文化的典例,传统武术与中医在转型中应清醒地认识到自身面临的机遇和挑战,在冲突与摩擦中构建生存领域。

2 自我构建:"出世"形态之考量

2.1 历经千载的文化底蕴

从文化的普遍性来看,"人类不同文化具有通约性,具有文化公分母、文化常数。正是有了不同文化之间的文化公分母,才使不同文化之间相互理解、交流和借鉴成为可能。"[8]掂量传统武术在文化"同化"境遇中的生存劲力,表现为在传统文化的生态系统中如履薄冰,突出体现了"文化生态系统"作为文化维系与链接的特质或标识,是在全球化"求同存异"呼吁声中日渐深刻和强烈的表层显现。传统层面的文化演进与思维定势,掀起了传统武术在多元文化冲击下尝试打破保守、封闭空间的浪潮,试图构建新的、诠释内核留存的生存空间,斩断域外文化试图嫁接的萌芽。中国现代著名社会学家费孝通先生言:"我在提出文化自觉时,并非从中西文化的比较中,看到中国文化有什么危机,而是对少数民族的实地研究中首先接触到这个问题。"[9]反思并对话传统武术的当代生存境遇,慎思并考量传统武术于当下社会的角色演绎,分析并探求其自身蕴藏的文化功能,从而才能详尽考略传统武术在文化自觉视域下应如何进行自我构建。

理清"共性"与"个性","自塑"与"他塑"的发展脉络,进而合理处理"入世"与"出世"的关系。源起于农耕文明时期的传统武术,在文化扩张与频繁交流之际,于西学东渐之时,逐步出现了传统武术与竞技武术的分野。竞技武术凭借其"后来居上"的出场优势,位居我国武术发展的主导地位。其"高、难、新、美"的出场原则,一方面冲击了传统武术原有的传承法则,另一方面,也正是由于竞技武术追求格调美,注重"一招半式"的动力定型,反衬了传统武术的"打练结合",及其思想内涵对习练者身体与思想的规训。正因为如此,传统武术在多元文化交融过程中,既存在挑战性危机,同时亦出现难得的机遇。而中医学阴阳结合的理论中,阴与阳是事物的内在属性和外在的形态特征,由此上升为对事物发展内外因素的分析与探讨,阴阳辩证思维体现在中医实践过程中的多个方面,用于指导和解释人体结构、生理功能的病变的原因和源头;同时亦可借用阴阳辩证思维分析传统武术在发展过程中存在的机遇和挑战。

2.2 "一体两翼"的范式解读

外围冲突是构建群体特性的基础要素,科塞等学者认为:"在社会系统内,冲突有助于明确群体之间的界限,加强群体的独立意识,因此在系统内建立群体的特性。"[10]伴随多元文化的冲击,异质文化与文化移植风起云涌,文化所有权的争夺硝烟弥漫。因此传统武术有责任也有义务在"冲突"中明晰本土文化与域外文化的畛域,增强华夏民族的群体独立意识,提高文化保护警觉。传统武术若希望能够在文化全球化演绎道路上达成跨越式发展协议,须充分利用动态保护与静态保护的时代良机,挣脱域外文化的侵扰与自身发展欠佳的行为束缚,深入分析当前"中西合璧"的优劣,探索本土文化与域外文化的最佳切合点,以期达到"原生态"留存与文化重构的目的。

文化是一个国家、一个民族有别于其他国家、其他民族的重要标志。本文借用任平教授的"一体两翼"理论分析传统武术的出场路径及自我构建,"一体"主要指传统武术在立足自身发展的同时,反省现实存在的问题;"两翼"可粗略概述为一方面须客观解读自身的文本范式,另一方面亦须积极与多元文化要素进行对话。"传统文化带有时代性，文化传统更具有历史性。武术的传统文化具有鲜明的时代特征。"[11]借用哲学家冯友兰的"抽象继承法"分析传统武术的静态保护，此分析法中提到，抽象意义是可以秉承与发展的，具体意义则不可承袭与接收。探究其本质涵义可发现，所谓抽象继承法就是以现代精神去充实传统文化的语言外壳，赋予其现代意义，可实现传统文化的历史与现实的交融。

2.3 吐故纳新的特性使然

社会学理论认为，"一个特定的文化特征的存在，是由于其履行另外某种重要的社会功能。武术既然被视为一种传统文化，那么其社会性必然有之。"[12]本文借用"文化的社会性"来分析传统武术在特定的文化空间下如何履行自身的社会职责。文化自觉不仅仅代表是其固本培元，存活于自己的狭小空间内，更需走出去参与文化全球化的相互认同，构建适用于自身的完善与优化的文化谱系，为塑造更高的社会服务体系奠定基础。张岱年先生的"文化综合创新论"认为，文化作为一个特殊谱系，既具备整体性特征，又具有可分性特性。整体性并非泛泛而谈，而是基于文化自身的个性特点进行综合创制。既是延续了传统文化的本原与根基，亦有"青出于蓝而胜于蓝"的吐故纳新。

"文化影响技术，技术反映文化。"[13]我国历来是注重"文化"的国度，无论何种文化的命名赋义，均是本民族生活方式与发展理念的显性或隐性昭示。全息传征本民族注重集体观念和整体意识的思维导向。譬如劈挂拳的开合收放，动作运行间均体现了华夏民族注重开合相间、平衡发展的思想观念，中医中的阴阳平衡，五行相生相克亦是传统文化的典例。文化是一种集体记忆，文化全球化虽引发了文化冲击与移植的"海啸"，但正是由于强烈的域外文化入侵，增强了国人的民族觉醒与文化抢救意识。反观技术从单个动作到组合动作的策划与设计，均包含了"自塑的文化常数"与"他塑的文化公分母"。在遵循共性与个性的合理调适原则下，仍旧保持了传统武术与中医自身的"出世"精神。

3 结语

中医与传统武术均是华夏民族优秀的文化载体，在文化多元化时代，武医结合逐步成为社会发展的需要。我们从辩证的角度看待我国优秀的传统文化,重新梳理和定位二者的发展高度和切入点,抛却原有的发展模式,借助文化多元化发展平台,不断改革创新,与时俱进,为武医结合奠定更坚实的基础,为传承传统武术文化,宣扬经典的中医文化做铺垫。文化自觉视域下的传统武术,既是一种文化载体的动态复原,通过自我觉醒,梳理符合自身发展脉络的文化图景,同时也是一种文化疏导的方式和途径。传统武术基于"自我觉醒"与"自我反省"的出发点,提出"自我构建"是最终落脚点,坚持以"出世"的精神达到"入世"的目的。

参考文献

[1] 李龙. 深层断裂与视域融合:中国传统武术进入现代视域的文化阐释[M]. 北京体育大学出版社,2014,12:156.

[2] 李仲轩,徐皓峰. 逝去的武林[M]. 北京:当代中国出版社,2006:113.

[3] 王姗. 传统武术养生思想之文化论——拳起于易,理成于医[J]. 中华武术研究,2016,5(4):28.

[4] 王林,王恒. 非物质文化遗产视域下传统武术传承的原生态回归[J]. 武汉体育学院学报,2009,43(12):35.

[5] 刘舟. 当代中国传统武术文化的文化认同与文化选择[J]. 广州体育学院学报,2014,34(5):73.

[6] 王姗. 传统武术养生思想之文化论——拳起于易,理成于医[J]. 中华武术研究,2016,5(4):30.

[7] 吕晶红. 文化冲突视域下武术发展的困境与出路[J]. 沈阳体育学院学报,2014,33(2):140.

[8] 李龙. 深层断裂与视域融合:中国传统武术进入现代视域的文化阐释[M]. 北京体育大学出版社,2014:137.

[9] 刘登翰,陈耕. 论文化生态保护:以厦门市闽南文化生态保护实验区为中心[M]. 2014:35.

[10] 鲁思·华莱士,艾莉森·沃尔夫. 当代社会学理论[M]. 北京:中国人民出版社,2008:107.

[11] 陈振勇.中国武术传统在现代发展的文化思考[J].成都体育学院学报,2012,38(4):18.
[12] 王岗.中国武术技术要义[M].山西:山西科学技术出版社.2009:25.
[13] 陈振勇.人类学视野中的地域武术文化研究[J].成都体育学院学报,2016,42(2):52.

武医宗师郑怀贤的成就及对后人的影响

吴小华 李春雷

【摘　要】作为新中国武术运动的拓荒者和中国运动医学学科的鼻祖，郑怀贤将武术与医学进行了完美的结合，使其成为一个完整的文化，为后人留下了宝贵的物质财富和精神财富。他对教育事业呕心沥血，志不成不休的精神更是值得我们传承并发扬光大。

【关键词】郑怀贤；中国武术；运动医学

【前　言】中国武术是在中华民族优秀传统文化中孕育而生的，因而在一定程度上几乎客观地成为中华民族传统文化的核心载体，并享有"国术"的美称，随着它的发展，武术的健身，养生，医疗价值得到很大的挖掘。一代武林大家郑怀贤将武术和医学进行了融会贯通，创立了运动医学，使武术和医学各自得到了质的完善。其艰难困苦，玉汝如成的一生，对后世产生了不可磨灭的影响。

1 少小多才学，平生志气高

郑怀贤于 1897 年 9 月 15 出生于河北省新安镇一个贫苦的农民家里，年幼丧失双亲，家庭条件艰苦，依靠兄长读了四年私塾后便辍学自己维持生计，清朝末期武术之风盛行，读书少但是大脑和身体都很灵活的郑怀贤在这样的大环境的熏陶下，也对武术也产生了浓厚的兴趣。在郑怀贤的刻苦努力下，他于 1910 年投身在当地非常有影响力的"飞叉大王"李二庆的门下，一边学习飞叉，一边学习接骨治伤的技艺，在那个并不太平的年代，这样的技术是求生技能，八年磨一技，天资聪颖加上勤奋刻苦，郑怀贤的飞叉技艺已和师父不相上下了，并且在当地也小有名气。人生就是由一段又一段的经历组成，也是由一个又一个必然会出现在你生命中的人带你走向更高的起点。此时,人称"赛毛遂"的著名镖师魏昌义出现在了郑怀贤的人生之路里,在经过第一任师父的同意后,郑怀贤跟随第二任师父魏昌义练习武艺"戳脚翻子"硬功夫三年,魏师父年事已高,深感徒弟是个不可多得的人才,便将他引荐给了在北京享誉多年具有"铁臂金山"称号的老友魏金山,郑怀贤跟着第三任师父学习"鹰爪翻子",师父不断更换,武艺不断精进的同时,郑怀贤一直没有忘记提升自己的接骨技术,有时间还会去天桥卖艺,挣钱的同时不断和各路武林人士切磋技艺,又一个三年过去了,第三任师父再一次将郑怀贤送上了人生路上的另一个转折点,把他介绍给了孙氏太极拳的创始人,即内家拳大师孙禄堂,在继续学习以前技艺的基础上,他跟随第四任师父学习形意拳,太极拳和八卦掌,并学习了很多特效骨伤偏方,这也使他开阔了武术的眼界,逐渐形成了他自己的医术体系。青年时期郑怀贤拜师学艺的刻苦经历一直激励着一代又一代的学生拼搏进取。

2 博观约取,厚积薄发

随后在第四任师父的推荐下,郑怀贤去了上海,在上海交大担任国术教练,在任教的同时不忘与各大武术爱好者切磋武艺,还继续跟随上海的师兄学习八卦掌,如此,郑怀贤汲取了内、外之优势,技艺到了炉火纯青的地步。受特殊局势的影响,当时的上海已经逐渐成为中国的经济和文化中心,越来越多的精英在此汇集,也包括越来越多的武术爱好者,郑怀贤在圈内的名气也越来越大,让他一鸣惊人的是其在一次产品展览会上的表演,在场的记者把他精湛的表演进行了报道,使他在整个上海名声大噪,聘请他进大学任教的学校也越来越多。至此,他的"八卦掌""活步推手""散手""快摔""擒拿"已是武术界中的杰出技艺,其中"飞叉""孙氏八卦掌""擒拿"更被称为三大技艺绝技。人一辈子能碰到很多机遇,但是能不能抓住机遇,需要我们自己具备充分的条件,只有像郑怀贤这样,在机遇来临之前好好提升自己,随时都做好准备,才能借势实现自己的理想和抱负。

3 一片丹心图报国

1936年8月,柏林举办第11届奥运会,为了提升国际影响力,我们国家组织了一百多人的代表团参加，同时派出一支武术代表队随团进行表演，代表团虽然成绩不佳，但是这支拥有郑怀贤的代表队却不负众望，每一次表演都引起了极大的反响，震惊了希特勒，顿时在柏林掀起了一阵中国武术的热潮，郑怀贤精湛的武术技艺顿时闻名海内外，当时德国政府也有意愿用优渥的待遇聘请他们留下来在德国传授中国武术，但是代表团诸位将士心怀祖国，毅然选择回国。回国后，郑怀贤应邀担任国民党中央军校国术教练，1938年随中央军校迁往重庆，因而在四川扎根。中华人民共和国成立后，郑怀贤任成都体育学院教授，先后为贺龙、董必武、徐特立等众多国家领导人疗伤。需要特别提出的是郑怀贤为周总理疗伤的故事，1963年12月14日，周总理在外交部部长陈毅的陪同下，出国进行长时间的访问，在出发访问埃塞俄比亚的一个郊区的农场的路上，下大雨路滑，总理下台阶时跌了一跤，出于自我保护，右手顺势撑在地上，殊不知，当初在延安坠马右手已经负伤，那时突然间的受力使右手的伤势更加严重，虽然随行医师进行了紧急治疗，但是周总理坚持访问完最后一个国家索马里后才回国，在访问期间，舟车劳顿本就休息不好，再加上频繁的握手，更使伤情得不到控制，回国后，在贺龙元帅的引荐下，周总理在夫人邓颖超的陪同下于2月7号下午飞往成都，由郑怀贤为其进行7天的短时间治疗，周总理的手伤基本痊愈。在之后的16天的访问里，总理的手伤再没有复发过，访问结束后，总理再一次飞往成都进行为期7天的彻底治疗。正是为总理疗伤的这段经历，使郑怀贤和总理结下了深刻的情谊，也正是依靠这段情谊，使得后来在"文化大革命"中，被打伤了一条腿的郑怀贤在周总理的特殊照顾下，得以转危为安，"文化大革命"后，才能继续传授自己的绝学和武艺，报效祖国。"文化大革命"过后，郑怀贤编写著作的几万元稿费得以补发，但是他将几万块钱的稿费全部作为党费交给国家，以感谢党和国家的栽培。每个人的一生都不可能一帆风顺，总要经历顺境和逆境，顺境时不得意忘形，逆境时不妄自菲薄，才能成为真正的强者，这也正是郑怀贤波澜壮阔的一生带给我们的启发。

4 知行合一，为教育事业呕心沥血

年轻时先后跟随不同的师父学习不同的武艺，在每一个师父正直的人格的影响下，郑怀贤耳濡目染，养成了实事求是，求真务实的良好作风，对武术的继承和发展更是一丝不苟，他的教学态度是：在原模原样的基础上继承，再进行创新和发展。他为人师表，深知教师的使命不在教书，而在教育整个的青年时期；不追求物质的报酬，而希望得到精神上的快乐。遵循因材施教的理念，引导学生们发挥自己的特长和优势，尽管后来年事已高，他依然身体力行为学术进行示范和演练，无论是对武术的发展还是传承，郑怀贤都从科学发展观的角度来认识和看待武术，他反对封闭式的教学模式，他提倡并鼓励开放式的交流，交流才能产生思想的碰撞和智慧的火花，"交流就是智识"，郑怀贤对武术的认识也得到了很多有思想的武术大家的认同，如蔡龙云先生认为"对武艺高强的、具有民族气节的英雄人物的事迹进行宣传和介绍时，需要讲求实事求是，把握好尺度，不能为了吸引眼球而故弄玄虚，哗众取宠，更不能无中生有，胡编乱造"。

1958年以前，郑怀贤以从事武术教学为主，当一个称职的好老师，为武术的传承和发展尽心尽力，只是在业余时间才为一些运动员治伤，由于他有一套属于他自己的治疗创伤的系统，因而在医治运动创伤方面得心应手，在为国家领导人疗伤时，受一些领导人的启发，也在党和国家的支持下，郑怀贤和同事们艰苦奋斗，一起创办了中国第一所运用传统医学治疗运动创伤的教学和医疗基地——成都体育学院附属医院，以造福人民。1960年又创办了运动保健系和运动医学研究室，并亲自教授正骨，按摩，伤科用药等经验，并全身心地投入到研究、教学和临床等工作中去，其对中医骨伤科的造诣特别深，结合他多年对武术的领悟，归纳总结出郑氏正骨12法、郑氏伤科按摩13法、经穴按摩8法、郑氏伤科经验穴位55个。为传统武术在医疗功能上面的挖掘做出了卓越的贡献。在他的带领下，他们又开办了培养运动创伤医师和教学骨干的培训班，这枝独秀迅速长成了参天大树，开枝散叶，遍布全中国。

郑怀贤不仅对武术有不一样的教学思想和教学理念，对武医结合更是有不一样的理解和认识，后来尽管已到带病瘫痪的地步，他仍坐着轮椅坚持指导学生练习武术，并主导了多部武医论著，这些也是他武术教育思想形成的一个标志，主要有：《正骨学》《武林大家郑怀贤》《武术套路编制原则》《伤科按摩》《伤科诊疗》等。

5　清风两袖，名垂后世

1981年10月31日，郑怀贤因心脏病医治无效去世，享年87岁。至此，一代武林大家充满传奇与波折的一生画上了句号，大师虽仙去，但精神却永存。其严谨认真的治学态度为后人树立了绝佳的榜样，也为后人指明了努力的方向。其对待学生的"不轻视，不忽视，不偏爱"一视同仁的态度，让学生倍感亲切，在学习上像家中长辈一样的严厉，生活中又能给予学生春风般的温暖和关怀，是德艺双全的好老师。其武术传人与医学传人遍布全国各地，不断追随他的脚步为祖国的武术事业和医疗事业做出自己的贡献。成都体育学院武术系也成立"郑怀贤武学研究所"以继承和发扬以郑怀贤为典型代表的武学精髓，这一举措对弘扬民族文化具有极其重要的意义。郑怀贤武学内容丰富、风格独特，挖掘、整理、继承和发展更是一代武术人的使命，也是中国武术发展中宝贵的文化遗产之一。

参考文献

[1] 旷文楠.武林大家郑怀贤[J].中华武术研究，1996（7）.

[2] 柏昱.绝技写春秋—著名武术家郑怀贤先生传略[J].体育文使，1993（10）.

[3] 张耀红,侯乐荣.郑怀贤"武医结合"伤科学术思想的整理与思考[J].成都体育学院学报，2016（2）.

著名武术家郑怀贤与飞叉

李 威 邢 星 张 君

【摘 要】运用文献资料法、口述史方法,对郑怀贤与飞叉进行简介,以此为基础,探寻郑怀贤与飞叉之间的渊源关系,并讨论郑怀贤飞叉动作的主要技术特点。

【关键词】郑怀贤;飞叉;技术特点

1 绝技写春秋——武术家郑怀贤

郑怀贤(1897.9~1981.10)又名郑德顺,是中医骨伤科专家、武术家、教授。历任中华全国体育总会常委、中国武术协会主席、中国体育科学学会理事、全国运动医学学会委员、四川省政协常委、中华医学会四川分会副理事长、成都运动医学学会主席、成都体育学院运动医学系主任、成都体育学院附属医院院长等职。郑老在武术界与中医骨伤科界拥有极高的声誉,被后人尊称为"武医宗师"。

1897年,郑怀贤出生在河北省白洋淀安新县安新镇北辛街一户贫农家里,由于父母做长工,家境贫寒,为佑护新出生的孩子,为其取名为"怀贤",希望其长大成人后能够怀才与贤德,并受老天的保佑。3岁的时候,怀贤丧母,跟随父亲,从小学习孔孟之道,八岁那年,父亲因积劳成疾而去世,只好辍学跟随哥哥在家务农。在他13岁时,他遇见他人生中第一位武术师傅,"飞叉大王"李洱庆,跟随其学习飞叉与中医接骨穴位之术,此后,他随李洱庆闯江湖,通过卖鱼、表演飞叉以及卖跌打损伤药过日子。到18岁时,他耍叉的本领达到了炉火纯青的地步,被誉为新"飞叉大王"。

1981年,被途径的魏昌义看中,经李洱庆师傅同意后,被魏昌义收为弟子,跟随其学习了3年的戳脚翻子,随后,魏昌义将郑怀贤介绍给北京的好友魏金山，学习鹰抓翻子拳，同时还磨炼了其接骨的本领。郑怀贤跟从魏师八年，敬业刻苦，悉心揣摩，不仅学得武医真传，而且受魏师熏陶，养成扶弱济困、仗义疏财、不畏权势的品性。[1]此后，经魏金山推荐，郑怀贤拜于孙禄堂门下，继续习武学医。

1926年，在孙禄堂的鼓励下，郑怀贤赴山东梁山，不仅拜访各路武林名家，也不忘记查访医道高明之人。随后，遇见一位道人，跟随其研习医术与武术。1928年，郑怀贤辗转到达上海，在上海靠行医与授艺谋生，并结识了一批武术知名人士，如"千斤神力王"的王小平。1928年3月，"中央国术馆"成立，1928年11月，郑怀贤在其朋友的引荐下，到南京参加了第一届国术"国考"，随后成为第一届学员。在国术馆期间，郑怀贤与少林门长主子平，武当门长高振东等武术名家一起交流、切磋与研习技艺。

1930年，郑怀贤回到上海，到中华体育会任武术教员。1932年以后，他又先后到上海中华体育会、上海交通大学、上海西江全育师范学校担任武术教员。郑怀贤在上海时，还创办了"新民国术研究所"，以普及国术于民众之中。[2]与此同时，跟随师兄孙存周学习孙氏八卦掌，因一身好武艺，被杜月笙看中，结为金兰，实为贴身保镖。1934—1936年，他被两江女子师范和交通大学聘为国术教官。1936年参加在柏林举办的第11届奥运会的国术表演团选拔，其精湛的武艺受到张文广、温敬铭、寇运兴等武术名家的赞扬。之后于1936年7月20日到达柏林，其飞叉绝技的多场表演使观众惊叹不已。

1937年，日寇的铁蹄踏进中国。不久，上海也沦陷了。不甘做亡国奴的郑怀贤（时任黄埔军校的国民党陆军军官学院少年任武术教官）于1938年随军校迁移来到四川成都，先后在多处开过诊所，他在树德中学任过教，在少城公园教过拳……[3]1944年，郑怀贤进入成都体育专科学校（后改为西南体育专科学校——成都体育学院），他的八卦掌、散手、快摔、擒拿等武术技击绝技威震西南武林。1955年，成都体育学院成立了重竞技教研组，由郑怀贤负责，并亲自教授太极拳、形意拳、八卦拳、擒拿、飞叉和八卦龙行剑等武术技艺。在这个时期培养的学生，如邹德发、叶道清、郭洪海、邓昌立等为成都体育学院、四川省武术乃至我国武术教育事业的发展做出了杰出的贡献。

此外，因时任国家体委主任的贺龙元帅在成都接受过郑怀贤的医治，故在贺龙元帅的关怀与指示下，经有关部门批准，郑怀贤在 1958 年和 1960 年，先后在成都体育学院成立了附属体育医院（现为国家体委成都运动创伤研究所）和运动保健系（1978 年更名为运动医学系），由郑怀贤担任医院院长和系主任，并辞去了武术教学领导的工作。在他的带领下，成都体院逐步形成了一个集医疗、教学、科研为一体，以传统骨伤科为特色的运动医学基地。他还为国家体委开设了两期骨伤科训练班，亲自讲授了正骨，按摩和伤科用药经验[4]。此外，在 1962 年与 1963 年，还负责了 70 余万字的《伤科诊疗分（上下册）》与《伤科按摩术》出版工作。此外，受中共四川省委邀请，郑怀贤在成都金牛招待所（现为金牛宾馆）为周恩来总理治疗手伤。从 1964 年 2 月 7 日到 2 月 12 日，郑怀贤一共给周恩来进行了 6 次治疗，周恩来的手伤就已经基本痊愈[5]。1976 年，郑怀贤虽年事已高，且重病缠身，但他仍带领学生积极探索传统医学与武学的奥秘，并指导他们的武技习练与临床治疗。岁月无情，年龄不饶人，郑老晚年中风，下肢瘫痪，即使这样依然坚持坐轮椅为病人看病。1981，郑怀贤在四川省人民医院逝世，享年 85 岁。

2 叉（飞叉）的源流与发展

我国古代兵器种类繁多，但真正能保留下来传承至今的种类较少，其中，叉的传承能代表部分兵器的发展现状。"叉"最早是作为一种捕鱼工具出现的，叉不仅在古代的战场上，还能在民间武术、民间杂技以及生活生产劳动中展现其实用性与表演性。

关于叉的起源的说法有多种，但要下一个确切的结论，尚不能做到。但通过查阅文献得知，叉的历史，可以追溯到 6 000 多年前的史前时代。红山文化的新开流遗址，位于黑龙江省密山县的兴凯湖畔，它记载着 6 000 年前我国新石器时代的古文化。[6]在其遗址中，考古学家发现了各种各样的捕鱼工具，譬如：鱼镖、鱼叉、鱼卡、鱼钩、投矛、锹和镶嵌石刃的骨刀柄等，此外，在仰韶文化时期，在其遗址中发现黄河中游各部落善于捕鱼，并使用石、陶制网坠、骨制鱼钩、鱼叉等工具进行捕鱼作业。

叉还作为一种生活的重要工具出现在历史中，2001 年 4 月 11 日新华网报道:"青海省柳湾遗址出土了一把石刃骨刀和一把骨叉"。此外,在夏商时期的二里头遗址(约为公元前1750年——公元前1500年),"二里头遗址发现不少簪、锥、凿、铲、针、匕、镞、鱼叉等骨制品和角制品,这进一步佐证了叉是一种捕鱼的工具。此外,有学者认为,叉是由远古先民狩猎中的长枪发展而来的,那时先民"折木为棒,削竹为枪",相比之下,后来发展出来的叉,其形态结构决定了在狩猎尤其是在捕鱼方面比枪更胜一筹。叉除了用于捕鱼以外,我们还可以在农田耕作中看到"禾叉",在原始狩猎中看到使用的"多股猎叉"等,其形态与结构大同小异,只是在锋利与坚韧程度上有差异。

叉作为一种冷兵器,其在战场与民间武斗中使用得颇为广泛,譬如,《北齐书》隋本纪中载道:"己丑,制民间铁叉搭钩刃之类,皆禁绝之。"说明当时的铁叉在民间被广泛制作与运用到作战武器中,从而制作叉被朝廷列为禁止活动。此外,在明代的兵书《武备志》中还记有一种"马叉",上可叉人,下可叉马。以及在明代戚继光的《纪效新书》中都能明确地发现:叉作为一种兵器广泛得到使用。在清代军队中,火器已经出现,但叉枪作为辅助兵器还在军中使用,尤其是被广泛地在义和团运动中使用,除使用花抢、单刀、双剑之外,他们最擅长的武器是钢叉。

叉除了在生活与战争中常见,还广泛存在于杂耍娱乐中。"飞叉"是由叉演变而来的一种兵器,既可用于攻防搏斗亦可用于健身娱乐。飞叉,俗称"开路",这是和道家的龙王开路夜叉持叉而行的产说有关[7]。从叉形来看,也称它为"三股子"。叉头为金属制成的"山"字形,叉头下装有活动的圆铁镲,耍起来时哗哗作响。那么飞叉的技艺是如何出现的呢?据说:这是由于古代捕鱼时,因为要系一根绳子在叉尾部,便于控制与收回,这需要一定的技巧,因此,逐渐发展成为飞叉的系列技法。这种假说也是艺术源于生活的最好写照,然而,确切地说,飞叉的演练是融合了武术,杂技、舞蹈、戏曲武生等动作为一体的技术体系,是通过不断融合发展而来的。

明代,飞叉作为一项民间杂技现于民间。尤其是在民间迎神赛会,常用飞叉来开道。叉头雪亮,并装有铁片圆环,舞弄时不用手,而使之在臂、腿、肩、背各部位滚动,或抛掷空中,然后接住,动作连贯,一气呵成,花样甚多[8]。还有一种耍法是在叉两头缠上布条,浸油点火,熄灯表演,这叫"火叉"。这在过去的北京天桥、天津的南市等地常能看到。随着飞叉技艺的成熟也形成了许多流派，其中影响最大的是"京练儿""乡练儿""怯练儿"三个流派。如今，飞叉的表演分为武术中演练和飞叉杂技表演两种。最后，在中国古代传说的道教典籍图画与壁画中都能发现龙宫里长相怪异的夜叉手持钢叉作为龙王行仗的开路先锋。叉，在中国的传统社会里早就成为一种图腾化的兵器，并逐步上升到宗教的层面，作为宗教仪式组成的一部分。

3 叉（飞叉）的构造与分类

叉作为武术中的一种长兵器，叉由叉尖和叉巴两部分组成[9]。叉尖多为钢制，有三股叉，中股直而尖，两侧股由中股底端弧形向前，后粗前尖、通体为圆形或扁平形。叉把分木制和铁制，粗可盈把。按其部位可分为上把段、中段、下把段和把尖，上把段为其顶端接叉处，上把段把中部为中段，再下为下把段，把底端为把尖[10]。按照其形状可分为牛角叉（虎叉）、三须叉、三角叉、龙须叉（两股叉），南方称之为"大耙"或者"三指叉"。长约五六尺，叉的材质随着生产力水平的发展而不断变化，有骨制（竹制或木制）、铜制、铁制、钢制和合金制等。

4 郑怀贤与飞叉的渊源

郑怀贤 11 岁那年，恰好遇到新安城"出会"，这一天，新安城里的少林、五虎、龙灯、跑旱船、高跷等各路花会都要出动，而打头阵的却是叉会，舞叉的动作种类繁多，让人眼花缭乱，当时在现场的还是 11 岁的郑怀贤被这独特的技艺所迷住，据说跟着叉会转了足足一个下午，第二天就急着去叉会报名学耍飞叉。13 岁时，郑怀贤遇见他人生中第一位武术师傅，"飞叉大王"李洱庆，跟随其学习飞叉与中医接骨穴位之术，此后，随李洱庆闯江湖，通过卖鱼、表演飞叉以及买跌打损伤药过日子。到 18 岁时，他耍叉的本领达到了炉火纯青的地步，被誉为新"飞叉大王"。随后，他先后随魏昌义、魏金山以及孙禄堂等武术名家学习各类拳术与器械，而这些拳种的常年习练以及对中医骨伤知识的掌握与后来郑怀贤飞叉的技术发展与成熟以及飞叉技术风格特点的形成有着密切关联。

5 郑怀贤飞叉动作的技术特点

叉最开始的技法比较简单,"惟其法初甚简单,不过抢、盘、飞、掷、打击、接抢诸法而已"。演变成飞叉杂技的表演方式,花样技法便多起来。飞叉演练起来风格独特,使用时头柄皆可用,其用法据说有32种,主要技法有转、滚、踢、捣、搓、刺、截、掏、拦、横、扦、捂、挑、贯、拍等。如前所述,飞叉的表演分为武术中演练和飞叉杂技表演两种。郑怀贤飞叉的演练是结合了武术兵器演练技巧的一种,能够部分地突出其攻防技击含义。

5.1 武术技击与艺术杂耍相融

郑怀贤所练的飞叉是一种近似于兵器的钢叉,主要是在场地上进行演练,这种飞叉的技术是需要习练者掌握武术的基本功夫,如步型、步法、身法以及眼神的基本功,通过融合武术套路与飞叉旋转、抛接等技术(以叉为道具,完全不用手握,通过肢体动作使叉围绕身体自转或公转,不断通过抛接变换动作,展现各种花式动作和技巧),体现出一种攻防格斗以及技法高超的情景,演练者往往在单打、双打、群打以及最后的收势中体现武术的架势[12]。

5.2 飞叉与孙氏八卦动作的融合

据其弟子所述:"郑怀贤在练习飞叉时,步法中会融入武术步型与步法,尤其是孙氏八卦掌的身法与步法,配合飞叉的公转与自转轨迹,会让人联想到游身八卦掌的步法多变与身形的灵活转化"。演练飞叉时,在步法的灵活多变中,运用手臂用力技巧使飞叉在不同的空间状态下,进行攻防技击与艺术化表演的转换,配合八卦掌的步法与身法的时而进退,时而左右,时而走圈,时而上下起伏,譬如:怀中抱月、披红、背剑,时而通过弓步、仆步以及虚步等步型的变化,进行实现飞叉重心的转移,以达到心到、眼到、身到、最后叉到的一种娴熟的演练状态[12]。目前,郑怀贤弟子,对飞叉的演练能够部分地体现出攻防含义以及武术与飞叉杂耍技术的融合。

5.3 飞叉演练与中医知识相融

郑怀贤对飞叉的技术的发展与研究,除了融合自身所学习的武术动作与飞叉(花叉)动作,在演练时,飞叉动作的运行与技术衔接方面,因为郑怀贤精通中医骨伤以及中医经络，据其弟子所介绍："郑怀贤在传授弟子飞叉技艺时，会首先讲授人体关节运动规律与基础经络的走向与相互作用，飞叉动作的完成不仅结合人体结构的功能进行，并能体现其动作的攻防含义与表演性"[13]。同时，郑怀贤飞叉技艺更注重飞叉在身体各个部位（手腕、手臂、肩胛、背部、大腿、小腿、脚部等）旋转与游走时对人体各部位穴位与经络的作用力，根据不同的穴位采用不同的动作，不同的动作展现出来的力度决定了触及穴位的深浅与对人体的作用力。因此，飞叉这门从古代流传至今的战争技艺与杂耍技艺，如今逐渐发展成为一种具有强身健体功效的科学化的武术运动。

6 结语

郑怀贤飞叉技艺的传承人众多，主要集中在巴蜀地区。其中吴大才老师便是一位既掌握武艺，又精通中医，尤其是治疗骨伤的郑怀贤优秀弟子。目前，吴大才老师也正在培养一批弟子，不仅教授他们飞叉，同时也传授他们中医知识与技法。此外，郑怀贤先生所掌握的武术技术不仅有飞叉、八卦掌、孙氏太极拳以及空手夺枪等，还因该包括后期在郑怀贤先生指导下和吴大才既是郑怀贤同事亦是弟子的习云泰、肖应鹏、叶道清、周德发、郭洪海等所共同发展创新的武术技术——旋子转体（全国首创）、空手夺双枪、步枪对刺、猴拳、猴棍等（都在1950年~1980年间获得全国武术界的称赞）[15]。

参考文献

[1] 旷文楠. 武林大家郑怀贤，中华武术[J]. 名人茶座.

[2] 柏呈. 绝技写春秋—著名武术家郑怀贤先生传略[J]. 历史人物，41-42.

[3] 温佐惠. 飞叉[M]. 北京：人民体育出版社，2012：11-22.

[4] 柏呈. 绝技写春秋—著名武术家郑怀贤先生传略[J]. 历史人物，41-42.

[5] 晓盼. 郑怀贤与周恩来的武医情缘[J]. 武道英杰，44.

[6] 李永明，栗胜夫，崔乐泉. 叉的源流与发展[J]. 搏击武术科学，2015（2）：38.

[7] 温佐惠. 飞叉[M]. 北京：人民体育出版社，2012：11-22.

[8] 李永明，栗胜夫，崔乐泉. 叉的源流与发展[J]. 搏击武术科学，2015（2）：38.

[9] 裴锡荣. 中华古今兵械图考[M]. 北京：人民体育出版社，1999：56.

[10] 叶道清口述整理. 时间：2016年8月16日，地点：成都体育学院退休职工活动场所。

[11] 邹德发口述整理. 时间：2016年7月26日，地点：成都体育学院邹德发家。

[12] 邹德发口述整理. 时间：2016年7月26日，地点：成都体育学院邹德发家。

[13] 习云泰口述整理. 时间：2016年8月10日，地点：成都体育学院习云泰家。

郑怀贤武术教育思想及其时代价值

李 竞 王 林 朱 琳

【摘 要】郑怀贤先生是我国著名武术家,其在武术的教育思想上有着自己的独特见解。本文通过文献资料法、专家访谈法和逻辑分析法对郑怀贤先生的武术教育思想进行了阐述,并认为今后的武术教育中应该贯彻武医结合、一专多能的教育理念,同时从严、从实出发,不断探索新的教学理念与教育方法,从而切实提高武术教育质量与学生培养水平。

【关键词】郑怀贤;武术教育思想;时代价值;武医结合;打练结合

【前 言】中华武术源远流长,教育思想也是历史悠久,武术作为中国的传统体育项目其教育意义非常深远。现当今武术教育思想也是影响着一代又一代的习武人,积极的教育思想会促使我们更好地学习和日常生活及为人处世,本文通过对郑怀贤先生的教育思想的研究,对现代武术教育问题有了新的见解和认知,并认为这种教育思想在对武术的发展方面会起到非常大的促进作用,也希望更多的习武者可以以郑怀贤先生的教育思想来自律。

1 郑怀贤先生生平及相关武术活动

郑怀贤(1897—1981)是我国的著名武术家,河北安新人,擅长太极拳、形意拳、八卦掌。1936年曾作为中国体育代表团武术代表队成员参加第十一届奥运会,进行武术表演。抗日战争期间定居四川,从事武术和伤骨医疗的活动。1953年作为西南代表队武术总教练率队参加全国民族形式运动会。1958年后专门研究伤骨科,继承传统医学和民间医疗经验,整理出具有特色的正骨和按摩技术。历任中华全国体育总会第四届常务委员,中国武术协会主席,成都体育学院运动医学系主任、教授、附属体育医院院长。著有《正骨学》《伤科诊疗》《伤科按摩术》等[1]。

郑怀贤先生自幼习武，13岁跟随"飞叉大王"李洱庆师傅学习飞叉技艺，并学习接骨治伤的医术本领，学习骨伤科8年，之后又随武术名家魏昌义学习戳脚翻子长达三年，由于郑怀贤资质聪慧、孝敬师傅，又被推荐给当时中国最负盛名的武术家孙禄堂，让郑怀贤有机会在孙禄堂处继续深造。在孙禄堂师傅的精心教授下，郑怀贤在太极拳、形意拳、八卦掌三个拳法的学习中打下了稳固的基础，并且又进一步地提高了以前所学习的飞叉、戳脚翻子和擒拿等方面的技术，并得到一些罕见的治疗骨伤效果明显的药方的配制方法。在师傅的精心教授下，郑怀贤不但在飞叉、戳脚翻子、擒拿、太极拳、形意拳、八卦掌等方面练就了一身过硬的技术，而且在医术上也得到了系统的完善。在孙禄堂师傅的举荐下，郑怀贤在上海交通大学教授武术。其先后在上海中华体育会、上海交通大学、上海西江体育师范学校担任武术教员。同时还与师兄孙存周一起学习孙氏八卦拳。多年后郑怀贤技术大进，并且在技击方面也开始了自己的研究。在第十一届奥运会武术表演节目中，郑怀贤凭借自己独特的飞叉表演惊艳全场，更使得在现场观看的纳粹首领希特勒赞叹不已。回国后，又被黄埔军校聘为武术教官，训练了黄埔军校第17、20、21、22、23期学员。之后郑怀贤又与师兄朱国福交流学习，向朱国福学习了西洋拳击和日本劈剑。抗日战争爆发后，郑怀贤被中央军官学校聘为教官负责教授实战技击术，期间又与朱国福、朱国祯、张英振、张英健、周剑南、李雅轩等结为金兰。相互学习、相互切磋、相互砥砺。郑怀贤在西南地区四十余年，以其三大绝艺驰名全国。尤其八卦拳控人技艺，是孙禄堂先生独创的太极、八卦融合之技，郑怀贤得到真传，运用起来闪转腾挪、随心所欲，走沾控人得心应手。郑怀贤又善卸骨、打穴、擒拿、摔跤和戳脚翻子，与八卦拳合用，其实战技术非常全面，技击实力超群。

2 郑怀贤先生武术教育思想

2.1 武医结合理念

中国传统武术与中医学同根于中华传统文化，都有着共同的哲学方法论基础。道家思想、阴阳五行共为中华武术和中医学的立身之本，武医同根同理。"拳起于易,理成于医"是武术界流传广泛的一句谚语。这句话也体现了中华传统武术与中医的结合,从古至今的许多习武大家在习武的过程中也会研究中医医术,武术与中医有着密不可分的关系,很多时候二者都是相通的,比如:中医推拿、中医针灸等等都与武术运动有着相通之处,其中正骨推拿的手法就与武术的技法有着密切联系,通常是融汇了擒拿、点穴与正骨推拿为一体,并提倡治疗与练功的有机结合。

武医的结合促进了武术运动的快速发展,二者之间互相弥补,习武者在多年的训练过程中难免会留下一些伤病,而这些伤病大多是常年累积而来的,需要通过一些针灸、按摩、推拿的手段来慢慢进行恢复治疗,这就需要习武者在日常生活中多了解、研究一些中医知识,在训练后可以针对有伤或易受伤的部位自己利用按摩等手段进行治疗和保护,这对习武者的身体健康无疑是起到了保护作用。

郑怀贤先生"少年练筋,中年壮骨,老年养气。"认为中医学的"精、气、神"观点,形神合一、内外兼修,亦为武术修习的真谛。"练武不练功,到老一场空",郑怀贤先生强调习武者"外练筋骨肉,内练精气神",相同的,病患者的肢体功能训练的目的也正合乎于中医骨伤科学所强调的"筋骨并重"理念[2]。

2.2 分而治之与融会贯通

中国传统武术包括武术套路、武术散打、中医养生三个部分,这三者是相辅相成,相会相通的。现如今武术的发展趋向于专业化,由于竞技体育的需要,武术项目开始各自为政,武术套路专攻技术动作的高、难、美、新,注重套路的演练,主要以表演的形式呈现出来;武术散打专攻实战技击,注重拳脚的训练,主要是以对抗的形式展现出来;中医养生专攻通过食物、锻炼等手段促进身体健康。这三者互不融合,各自寻找各自的道路,流失了老一辈传下来的武学传统,形成了一种打练分离的现象。

打练结合是中国传统武术一直延续下来的技击模式,通过打练结合的技击模式解决了很多技术特长和技术风格的问题,从而也成为武术里的唯一的技术方法。通过打练结合可以自我研习,可以两人交流,可以实战对抗,可以强身健体,可以愉悦身心,可以修身养性。这种融多功能于一体的鲜明的技术特色是中国人对武术的理解，也是中国人对世界武术的贡献[3]。

通过对文献《"三艺通备"理念下武术专业人才培养模式的构建与实践》的阅读，得知"三艺"即指三种技艺，也可理解为三种技能。所谓"通"，即大通大备，通神达化。所谓"备"，即备万贯一，无所不备之意也。简而言之，"三艺通备"就是"融通兼备多种技能"[4]。文章充分说明了武学需要贯通的理念，倡导一专多能，即在武术的学习中，不能单一的只学习一项技术，只发展一门技艺，而需要博学多识，专注发展自己的专项技能，辅助学习对自己专项有关的其他技能，这样可以有效地促进对自身的发展与专业创新。

2.3 对武德的推崇、践行

王瑞华老师的《忆郑怀贤老师的医德、医风》叙述了郑怀贤先生的高尚修养，这与郑怀贤先生的武术教育思想是分不开的。文中运用了六个部分对郑怀贤先生的高尚品德进行了深入的解析，第一部分主要从生活出发，叙述了郑怀贤先生经常会把学生当做自己的儿女一般，关爱有加，所以说作者用到"不是亲人，胜似亲人"；文章的第二、三、四、六部分则是通过举例来叙述郑怀贤先生的高尚医德，这也与郑怀贤先生的高尚武德有着密不可分的关系；第五部分是举例叙述郑怀贤先生的虚怀若谷的胸怀。从全文中可以看出，郑怀贤先生高尚的品德对我们晚辈的影响非常大，我们有太多要学习的地方，以郑怀贤先生的武术教育思想作为我们做人的标杆，让我们在认知上有所升华，为现代社会主义社会发展做出更大的贡献。

郭洪海老师在"郑怀贤武学思想研讨会暨武术非物质文化遗产学术交流会"上说："我们要传承武术思想把握郑怀贤的武学思想精髓，就应该'在武术习练中传承、在传承中发展'"，这是我多年来从郑老先生的教诲中体悟出来的。所以郑怀贤的武学思想中还体现出'和为贵'的传统文化精髓。"当我们在练习武术的时候，仅仅只是为了学习它的动作而去练习，这样是不会体会到武术内涵的，我们应该在学会动作以后，再从传授的过程中去体会感悟武术的博大精深、厚德载物、自强不息的精神，这样，武术在传承上就会升华为一种文化思想的教育。

郑怀贤先生高尚的武德品质使得其学生非常的优秀，作为教师其"知道教师的使命，不在教书，在教育整个的青年时期；不在追求物质的报酬，在得到精神上的快乐"，郑怀贤对学生和蔼可亲，对自己非常严格，习武之人要求"未曾习武先习德"就是要求习武者要严格要求自己做到身体力行，郑怀贤一生习武，深得武德的精髓。

2.4 倡导细致、严谨的教学要求

郑怀贤先生在教学过程中有自己独特的见解和教学方式，并有自己的教育理念，这种教育理念被称作教育思想。郑怀贤老前辈把武术的教学精炼地提炼出一句话："势节段连"把武术教学的主要功能概况出来，郭洪海老师这样回忆："我是怎么总结的呢，在郑老师的指导下，在教学训练的过程中，总结出来的，这就是郑老师的教学思想，教学训练的步骤，基本功，基本动作，基本技术，同时组合，分组分节分段，以至于整套，也就是动动弄清，势势相连；节节弄清，节节相连；段段弄清，段段相连。完整套路协调完整，形成了这样一个教学的模式"[5]。

郑怀贤先生的技术教学是非常严谨的，俗话说：一年之计在于春，一日之际在于晨，晨练是尤为重要的，郑怀贤先生在多年的教学中始终坚持着这种理念，保持晨练，对技术训练过程中的要求是非常严格的，无论是从训练时间还是训练的强度来分析，都体现出郑怀贤先生对待武术技术训练时的严格。郑怀贤先生的严谨教学，能从多个方面体现出来，无论是在教学的计划中还是在武术套路的单个动作教学中都能体现出严谨二字。严格要求学生以认真学习作为出发点，在教学过程中严格要求技术是郑怀贤武术教学的独特风格，对待武术不仅强调武术的本源化，还讲求武术的整体观。非常注重武术的本质技击，要求打、练结合，不忘本源。他讲求攻防意义，就是实战；他讲求擒拿很讲究方法，要求眼到手到；他很讲究完整化，精神气力攻都很讲究，要求比较完美。他教这个动作，精神力攻，就是非常严谨，动作到位，精神到位，劲力到位，就讲究这些，他比较重视攻防。郑老师说："练功不练法，出手被人拿"，要求严谨就是强调规范。郑怀贤先生的教学思想是既让学生学习套路，还要让学生懂得其根源，让学生理解武术的本质，完整地传承武术，发展武术。郑怀贤先生严谨教学的态度是现代教育发展的一面旗帜，在我国教育事业上做出了贡献，同时也传承了中国文化。武术作为中国民族传统的特有文化形式，传承了中国几千年的文化，被国人称为"国粹"。郑怀贤先生作为老一辈的武术传授者，他的教育思想是在学习技术的同时更要传承中华文化。

3 郑怀贤先生武术教育思想对当今武术教育的启示

3.1 贯彻武医结合思想

武术运动在当今的发展是非常迅速的，尤其是太极拳，习练的人们越来越多，无论是在广场或是公园里经常可以看到人们在习练太极拳，这无疑是武术迅速发展的标志。太极拳的习练人群主要以中老年为主，其目的就是修身养性，通过对太极拳的习练，可以调理气息，活络经脉，以达到促进身体健康的效果，这就需要教授者学习武医结合的相关知识，将武医结合的思想，运用到实践教学中去，在教学中可以针对不同需求的人群给予不同的习练方法。通过武医的结合教学，虽不能治病，但可以增强体质、活络筋骨、促进身体健康。

3.2 一专多能的教学理念

"一专多能"是现代教育培养人才的重要途径之一，在武术的学习过程中也要强调一专多能，发挥自身的长处，弥补自身短处，运用交叉学科知识丰富自己对事物的认知，完善自身的专业知识，以便更好地发展个人专业技能。一专多能在教学过程中也尤为突出，通过对多门学科知识及自身专项技能的结合，总结出系统科学的教学方案，培养全能型人才。

在武术套路的学习与教学过程中，要想不断提高自己的专项技能，单靠武术套路方面的知识是远远不够的，要通过对运动解剖学、运动训练学、运动生理学、运动保健学等学科的知识结合学习，才能更好地发挥自己的专项技能。多门学科知识的融合会产生新的学习理念和教学理念，这种新的思路会给我们在学习或教学中带来便利，发现困难，解决困难，丰富知识面，提高自身的学习和教学水平，为武术的教育发展注入新的血液。

3.3 从严、从实出发，探索新的教学理念与教育方法

从我国的教育形势看，武术教育也应响应教育改革，顺应国家提倡的素质教育、终身教育、以人为本等新的教育理念，武术教育也应从人的教

育本质出发，探索武术教育与人文素养教育的契合点，未来武术教育的发展重点以人为本。武术教育应从学生的主体性和个体差异性出发，发挥他们的主动性。武术教师应提高个人水平，改进教学理念，打破传统的教学模式，提高教学质量。作为武术教师应充分发挥武术多元化的功能与价值，培养习武者的自觉性和人文素养，增强习武者的民族自豪感。

3.4 继承与创新

通过武术的教育，学生们不止学习了技术，更重要的是要让学生学习武术文化的内涵，通过武德的教育，使学生在习武和学习过程中能有良好的心态，不只看到武术的技击功能。武德是规范习武者道德规范的一种途径，从武术教育过程中培养习武者的人品、礼节、对待师友的态度，体现武术的教育功能。现在武术教育更多地注重武术技术教育，从而忽略了武术的道德教育。

通过对郑怀贤先生的武术教育思想的研究，在教育的方面，不仅传授了武术的技术，还突出地教育了怎么做人，怎么更好地继承中华文化。我国自古以来就是礼仪之邦，讲究仁、义、礼、智、信。所以通过武术来教育学生：习武人应具备高尚的思想品质，应以服务社会为目的，以传承中华文化为核心，充分展现武术的价值和功能。

4 结语

本文阐述了郑怀贤先生对武术教育思想的见解和对现代武术教育的启示，其中武医结合、推崇武德以及其严谨的教学思想为现代武术教学发展奠定了思想基础，与此同时，加强武德育人与人才培养，重视传统文化保护与传承，重视学生对武术文化内涵修养等理念也对现阶段武术教学及未来武术事业的发展具有重要的实践意义。

参考文献

[1] 维基百科.郑怀贤简介[EB/OL].http://www.baike.com/wiki/.

[2] 张耀红,侯乐荣.郑怀贤"武医结合"伤科学术思想的整理与思考[J].成都体育学院学报,2016,42(2):98-102.

[3] 田金龙，邱丕相.打练结合技术模式的新探索——评析武术段位制教程[J].武汉体育学院学报，2012，46（10）：62-65.

[4] 张云崖，王震."三艺通备"理念下武术专业人才培养模式的构建与实践[J].上海体育学院学报，2008，32（3）：89-91.

[5] 邢照利.郑怀贤武术教育思想的口述史研究[D].成都体育学院，2013.

郑怀贤的武德思想及其影响

刘　欢　冉学东

【摘　要】本文运用文献资料法、逻辑分析法、归纳总结法等方法分析郑怀贤的武德思想，研究得出，在郑怀贤武德的思想中，武德具有为国争光、克服困苦、成就自我等重要价值，文章分别从艰苦学艺、弘扬国术、传承武术、武医结合视角彰显其武德思想内涵。郑怀贤武德思想对后代习武者、教育者、医者等都有重要影响，对新形势下我国武术发展，武德传承和教育事业发展都有积极的启示。

【关键词】郑怀贤；武德思想；影响

【前　言】武术，是有着独特魅力的中华传统体育项目，因其技巧成熟、历史文化底蕴深厚而流传至今，其传承始终是把武术技艺与武德教化有机地结合在一起，力图培育文武兼修的人才。武德是中华民族精神于武术运动的集中体现，是武术习练者用于约束自己行为的一种准则和道德规范，是中华传统文化的重要组成部分。古语亦云"习武先习德"，便可见武德的重要性和弘扬中华武术精神的必要性。当今武术的传播偏向竞技，忽视了对我国传统武术武德的教育，因此我们有必要大力提倡武德教育，提高习武者武德修养。郑怀贤是我国闻名中医骨伤科专家、武术家、教授。在几十年的武术从教生涯中，郑怀贤武德思想高尚，始终身体力行地践行自己的武德思想观念，坚定不渝地把武德教育放在武术教学的首位，是习武者的光辉典范。本文从武德价值层面对郑怀贤老先生的武德思想进行深入分析，从其拜师习武、为国争光、艰苦斗文革、甘为孺子牛、转战医学等方面进行阐述，深入发掘郑老先生武德思想的深层内蕴，彰显其武德特色，为研究郑怀贤武学思想研究扫出一条前进的道路，也为武德思想研究开辟一条新的方向。

1 郑怀贤武德思想内容构架

1.1 艰苦学艺、锻造品格

郑怀贤出生在一个贫苦的农村家庭，读过两年私塾，天资聪颖，但因缴不起学费而辍学，机缘巧合下报名学习了飞叉。郑怀贤先是拜"飞叉大王"李洱庆为师学习飞叉，后因其身手敏捷被魏昌义看中，经得李洱庆同意后跟着魏昌义学习戳脚翻子，魏昌义见其技艺成熟便介绍给好友魏金山学习鹰爪翻子，经过三年的刻苦学习，他学到了魏金山的功夫的同时还学到了魏金山接骨的本事，魏金山觉得郑怀贤是可塑之才，天赋过人，于是又把他介绍给了著名武术家孙禄堂的门下继续学习。郑怀贤在孙禄堂处学习了几年，于1928年南下上海跟随孙存周老先生学习孙氏八卦掌。郑怀贤因自身的不懈努力，师傅的精心教授，在技术方面练就过硬武艺，武功因此大进。郑怀贤在学习武术技艺的同时也继承了这些武术大家优良的传统美德，锻造了自身的武德品质。学武先学德，是我们习武者的历代传统，郑怀贤拜各大名师学习武术的过程都是经受武术家考察历练的，师傅认同他，觉得他是德行兼备之人才将其技艺传授于他。魏金山，人称"铁臂金山"的魏师傅，武艺超强、豪侠万丈、注重情义，郑怀贤跟其刻苦学艺，受其熏陶养成不畏财权、行侠仗义、扶弱济贫优良品格。魏金山传授郑怀贤技艺之前考验其为人品德、武德修行，认为郑怀贤为人忠厚聪颖才把本领全授于他。郑怀贤曾于魏金山床前下跪指天盟誓："异日扶危济困，仁义为人，事师如父，孝敬终身。"于是郑怀贤终于学得"天下第一"名师的看家本领[1]。郑怀贤在此后的学艺及生活中虚怀若谷、师事百家，凡遇有一技之长之人便虚心学习，这些武德品性是成就其自身造诣，成为武林大家所必不可少的，也是我们后辈需要推崇和学习的武术精神。

1.2 弘扬国术、为国争光

戚继光是我国著名的军事理论家与抗倭爱国将领，在戚继光的思想中，武德具有成就将帅、引领人生、辉煌职业等重要价值，爱民保民、练胆习艺、爱卒善俘、严明赏罚，从不同的视角彰显了武德体系的灵魂、手段、要求、保障[2]。武德的精神不仅是自身思想道德品质的体现，也体现了对祖国的保卫爱护。郑怀贤师承爱国武术家孙禄堂，在其爱国主义思想的熏陶下，蒙发爱国主义思想，为旧中国披荆斩棘。在郑怀贤思想中，武德便是身先士卒，为国争光、宣扬民族文化精神。旧中国发展落后，体育滞后，时常受到外国人讥笑讽刺，为改变这种情况，1936年第十一届奥运会时，时任政府派遣除了参加田径、篮球、足球、游泳、拳击等奥运项目代表队外的国术表演队奔赴德国，想趁此机会宣扬国术，使中华武术亮相世界舞台，把武术推向国际。郑怀贤积极响应号召，报名参加选拔，经过层层筛选，最后以其杰出的武术功夫特别是飞叉表演入选国术表演队。在十一届奥运会期间，郑怀贤与武术队同仁在德国各大城市进行了数场武术表演，他们精湛的武艺，特别是郑怀贤表演的"飞叉"，获得了外国友人的一致好评，使西欧观众为之振奋、倾倒。希特勒也观看了飞叉表演，希特勒这位一向宣传"日耳曼种族至高无上"的法西斯魁首也对中国优秀的传统武术表现出极大热情，看得聚精会神，不时发出赞叹，在中国国术队完成表演后，希特勒委派秘书代他赠送了纪念册等礼物。沈朋良、王正廷、宋如海等中国体育官员喜出望外[3]。这使郑怀贤深刻感受到中华武术的无穷魅力，为自己苦练出来的武术技艺能在世人面前展示，彰显中华文化精神、弘扬国术，为民族增光而感到无上光荣与自豪，郑怀贤的武德精神在此的表现便是不卑不亢的民族气节。

1.3 矢志不渝、传承武术

中华人民共和国成立后，郑怀贤虽年过半百，却继续坚持自己的武术事业，受聘于武术竞技赛场和学院课堂，不留余力地传授自身技艺，即使是在"文化大革命"时期，受到"文革"冲击和压迫，也始终坚持自己的武术教育思想，坚守武德，遵循"善良为本，宽容为怀"，为武术事业发展奋斗终生。郑怀贤在武术教育过程中始终保持严谨认真的教学态度，对待技术训练一丝不苟，要求严格，在武术教学中非常强调武术技击本质，强调攻防含义，讲求实际应用。郑怀贤的严谨教学不仅体现在教学计划当中，还体现在武术套路的单个动作当中，严格要求学生以认真学习作为出发点。邹德发口述道："郑老师不喜欢偷懒的人，你越练得好，你越刻苦，出的汗越多，他越喜欢（2012年3月7日）[4]。"对待武术教学，郑怀贤对自己高标准、高要求，严格要求自己上课的教学语言必须是普通话，教学方式多变,针对不同对象、不同年龄层次、不同条件的听众,应用不同语言风格进行用语诱导,激发学生的领悟能力,充分发挥学生学习的积极性,促使学生技术提升。对待学生不轻看、不蔑视、不忽视、更不偏爱谁,所有学生一视同仁。作为教师"知道教师的使命,不在教书,在教育整个青年;不在追求物质的报酬,在得到精神上的快乐"[5]。郑怀贤上课时对学生十分严格,但是平日里对学生爱护有加,全方位地关心学生,对待学生就像对待自己的孩子一样,多次资助贫困学生,慷慨解囊。郑怀贤身体力行,一生习武深得武德精髓,真正实践"习武先习德",道德情操高尚。郑怀贤拥有不惧困苦,坚强的意志品质。一方面,自己每天坚持武术晨练,即使是在身体不便的情况下也每天准时6点起床习练;另一方面,在身体不适的情况下仍然心系学生,关心下一代成长,平时组织学生训练,每天还坚持看书、读报,不懂就咨询,时刻保持与时俱进的学习心态,做到不耻下问。郑怀贤的武德品性优良,是后代学习的榜样。

1.4 武医结合、开拓创新

自古习武之人多谙医术,武术与中医骨伤科学联系紧密、互参共荣。郑怀贤被后人称为"武医宗师",是我国著名的武术家与骨伤科专家。郑怀贤青年时代师承骨伤武术家魏金山,习得不少治疗秘方,后因其自身刻苦钻研,不断进行临床实践,很好地总结和发扬武医结合的传统,使得武医结合自成体系,并成立我国第一家运动医学院,成为骨伤科界的一朵奇葩。郑怀贤本不是医学科班出身,为使得武艺与医道精益求精,他从头开始学习现代解剖学、运动生理学、运动生物力学等相关知识,为使传统骨伤科的医学水平达到新的高度,他克服学习困难,艰苦卓绝,获得显著成效。1958年开始,他虽主要从事武术教学工作,但业余从医,看病逐渐成为附带工作;1960年办起运动保健系,郑怀贤担任院长与系主任,除做好领导工作、临床工作、教学工作外,他还和同事们、学生们一道潜心整理临床经验并逐渐将其编撰成为系统讲义[6]。从此,郑怀贤便专门从事运动医学的教学与研究工作,培养运动创伤医师和武术教学骨干分子,且先后出版《按摩学讲义》《正骨学》《伤科诊录》等书籍,造福人民,其事迹可以说是家喻户晓。在医学学术研究方面,郑怀贤充分发挥自身武德精神,冲破艰难险阻，以顽强的意志品格建立创新型医学——中医运动创伤学。

2 郑怀贤武德思想的价值与影响

2.1 对习武者的影响

武术的传承与发展需要我们习武者的积极参与和坚持，并且在传承过程中要做到实事求是，在继承的基础上再加以创新，而不是胡乱一通全盘接收。郑怀贤之所以能成为一名突出的武术家，与他务实求真的态度、坚持不懈刻苦训练息息相关。尊师重道是我们习武者最基本的道德素养，拜师学艺一定要尊重师长、勤奋好学，郑怀贤在这方面做得很好，值得我们学习。某日，魏金山患病卧床，郑怀贤悉心照料，有伤者前来取药，让其安心静养，帮其分忧解难，之后拜孙禄堂为师，跟其走南闯北，苦练多年，积极继承师傅所传授的技艺，弘扬优良传统美德。郑怀贤自十三岁投奔魏金山习武起便每天坚持习练武术，对自己要求十分严格，为提高技术水平，不断增加训练时间、加大训练强度，对武术套路动作的学习严肃认真，绝不偷懒。在武术技术学习的过程中不断摸索，思考动作运行路线、方向、深切感受动作自身，积极解决习练武术遇到的问题。这些都给予我们这些处于优越的环境当中的习武者的启示，应珍惜当下，自觉认真习练武术，对武术技术练习更要精益求精，促使自己武艺的增长。郑怀贤在拜师学艺过程中始终虚心讨教、仁义为人，爱护师长。郑怀贤在后来的武术教学中言传身教，将其武德精神传递给自己学生，培养出了大量的优秀武术人才。

2.2 对教师的影响

教育不仅仅只是为了传授知识，教化育人才是教育的本质，试想教育只重知识，轻道德，这样的教育体制培养出来的人没有道德底线的约束，知识再丰富也不能保证他能"学以致用""服务于人，服务于社会"[7]。1944年，郑怀贤于成都体育专科学校任教，成为一名武术教师，投身教育事业。郑怀贤在教学工作中尽心尽责，在没有武术专业的环境下，郑怀贤一边工作一边利用课余时间教授学生武术，时时刻刻为教育事业献身，使得武术之花在成都体育学院盛开，由小到大，由大到强。郑怀贤教学严谨，对待教育事业呕心沥血，对待学生也是无微不至，甚至是在行动不便时也心系学生，关心学生的学习成长，这体现了郑怀贤的大爱无疆。在教师这个岗位上的兢兢业业，传授学生技术时反反复复强调要领，耐心指导。在学生的心目当中，郑怀贤是一位文武兼备、德艺兼修的老师，以孜孜不倦的教诲为宗旨，对学生和蔼可亲，使学生深受影响，往德艺双馨的方向发展，逐渐变得优秀。我们当代的教师应向郑怀贤学习，自身坚持习练熟练技艺，对待教学认真思考，不断钻研；对待学生，严格要求、关心爱护；严格要求自己坚守师德，做一名优秀的人民教师，无私奉献于教育事业。

2.3 对医者的影响

1956年，由于国家体育主管部门开展"反真功夫"运动，故郑怀贤把研究重点转移到体育医疗保健方面。1958年，时任国家体委主任的贺龙元帅莅临成都，因打乒乓球元帅右手手指受伤，郑怀贤给予医治后元帅手指得以痊愈，因此在贺龙元帅的直接关心下，郑怀贤组织成立了中国第一家体育医院，任第一任院长并达23年之久。作为一名医者，郑怀贤更加勤奋地钻研武医武技，医学研究成果显著，郑怀贤提出"少年练筋，中年壮骨，老年养气"，认为中医学的"精、气、神"的观点，形神合一、内外兼修，亦为武术修习的真谛"[8]。他一生编著的医学巨著至今被频繁使用，使得中华武医得到更大的普及与提高，造福广大人民。郑怀贤医德高尚，几十年如一日地坚持为病人治疗，只要病人有需要他从不推脱，时常跑到病人家里为其进行治疗，可见其高尚的医德。行侠仗义是我们习武之人的必备品德，救死扶伤则是医者必备的品德，郑怀贤在日常生活与工作中始终坚持武德与医德相结合，是后人学习的榜样。

3 结语

郑怀贤作为我国造诣颇深的武术家、教学成果丰硕的教育家、著名的骨伤科专家、运动医学的创始、奠基人，他始终坚持自我、不断拼搏，走完自己光辉的一生，为我们留下了一笔巨大的财富，他的武德精神、医学思想值得后世永远铭记和学习。武德教育关系到传统文化教育思想的继承，对当代武术传承、文化教导有着不可忽视的作用，郑怀贤艰苦学艺、为国争光、传承武术、开拓创新等精神是当代武德教育发展的需要，我们应大力挖掘其武德价值，结合时代发展的要求，加以创新继承，培养出更多德艺兼修的武术传习者。

参考文献

[1] 旷文楠．武林大家郑怀贤[J]．中华武术，1995，07：29-30．

[2] 丁雪枫．论戚继光的武德思想[J]．伦理学研究，2015，04：58-63．

[3] 郑怀贤技惊希特勒[J]．党史博采，1998，03：25．

[4] 邢照利．郑怀贤武术教育思想的口述史研究[D]．成都体育学院，2013．

[5] 孔春辉．师爱·教育信念·服务精神—试析廖世承先生的教师素养观[J]．现代基础教育研究．2012，06：27-32．

[6] 张先发，叶守贞．郑怀贤教授学术体系形成的初步探讨[J]．成都体育学院，1994．

[7] 赵歆．武术"由拳入道"的传统文化教育思想研究[A]．中国体育科学学会（China Sport Science Society）．2015第十届全国体育科学大会论文摘要汇编（二）[C]．中国体育科学学会（China Sport Science Society），2015：2．

[8] 张耀红，侯乐荣．郑怀贤"武医结合"伤科学术思想的整理与思考[J]．成都体育学院学报，2016，02：98-102．

试析郑怀贤武术教学理念

刘金丽　应凯杰

【摘　要】郑怀贤教授是中华人民共和国成立以来的著名武术家、骨伤科专家、成都体育学院教授，原国家武术协会主席。是新中国武术运动的开拓者和奠基者之一。运用文献资料法等研究方法对郑怀贤武术教学理念进行分析研究。将郑怀贤通过长期教学实践，不断改进教学方法和措施，敢于打破旧的框架，摸索出来的一套武术教育思想理论体系归纳为：严谨的教学态度、诲人不倦的教学风范、传承创新的教学理念。

【关键词】民族传统体育；郑怀贤；武术教学；武术传承

郑怀贤，河北省安新县人，生于1897年。中国闻名的中医骨伤科专家、武术家、教授。历任中华全国体育总会常委、中国武术协会主席、中国体育科学学会理事、全国运动医学学会委员、四川省政协常委、中华医学会四川分会副理事长、成都运动医学学会主席、成都体育学院运动医学系主任、成都体育学院附属体育医院院长等职。郑怀贤作为中华武术泰斗，先后师从于"飞叉大王"李洱庆、戳脚门大师魏昌义、孙氏太极拳创始人孙禄堂等武术大家。并在上世纪五十年代初期创建了武术系，并结合自身特长创办了运动医学系。为成都体育学院增添了两朵金花。2016年4月6日，"郑怀贤武学研究所"在成都体育学院武术系揭牌，这既是对郑怀贤教授呕心沥血为武术奋斗一生的一种肯定，也表达了大家对郑怀贤教授的敬仰之意。

1　郑怀贤武术教学理念的界定

在对一个事物进行研究时，首先需要弄清楚该事物的概念。在论及郑怀贤武术教学理念时，同样也需要对郑怀贤武术教学理念的概念进行一个界定。在金岳霖先生主编的《形式逻辑》中说道："概念是一个思维形态，人们必须先具有关于某事物的概念，然后才能作出关于某事物的判断、推理与论证。在这个意义上，概念是判断、推理与论证的基础，概念是思维的起点。[1]"

教学理念是教师从教学实践中形成的对教学的基本观点和根本看法以及在此基础上形成的相对稳定的思想和观念体系[2]。郑怀贤武术教学理念是指郑怀贤从事武术教育事业几十年来运用独特的教学方法，并在此基础上形成的具有相对稳定性的思想和观念体系。

2 郑怀贤武术教学理念的核心内容

2.1 严谨的教学态度

"严谨"形容态度严肃谨慎，不胡乱说话，以此来证明人的行为严谨。而严谨是指某人对于科研和学术问题具有实事求是的态度和精神，严谨治学是指教师在求知和传授知识和学问的过程中要做到严密谨慎、严格细致。

"态度"是人们在自身道德观和价值观基础上对事物的评价和行为倾向。《心理学大辞典》及通常的心理学教科书都确认：态度具有对象性、评价性、稳定性和内在性四个特性。弗里德曼（Freedman）将态度构成理解为认知、情感和行为倾向三个部分，但由于认知还包括外在的、客观的嗅觉、视觉、听觉、味觉、触觉、深度的社会与自然规律观念与思考等等，这些都是不可能来源于道德观和价值观这些立场信念的，这与心理学界公认的态度内在主观特性不符，所以将态度构成中的认知修改为包含道德价值观的内在感受更为准确。同时，"行为倾向"为非心理学用语，即使《心理学大辞典》中也未列明、语意不明，一般应是指意图，

而意向在心理学概念中含有意识指向性和意图谋虑双向的含义，正符合态度的对象性、内在性特性，所以以意向替代行为倾向是更为准确的，且国内外很多心理学家在著述中也多有这种应用倾向。总之，将态度的构成解读为内在感受（道德感和价值感）、情感和意向是更为准确的。

2.1.1 技术教学严谨

据现代教学论原理，教学是对人类已有知识经验的认识活动和改造主观世界、形成和谐发展个性的交往实践活动的统一过程。据此，武术教学

活动可以理解为学生在教师的指导下，对前人已积累的武术技艺及武术思想文化的认识活动和不断提高武术技术操作技能及武德精神的交往实践过程[3]。郑怀贤作为一名武术教育工作者，将自己一身武艺和医学知识以教学和训练的形式传授给学生。由于自身阅历丰富，勇于实践，逐渐形成了自己独特的教学风格。在培养学生的过程中首先根据学生的身体素质、技术、能力，确定其发展方向。其次确定目标状态：即达到何种水平，以及素质、技术目标等。最后设计训练方案：包括训练方法、手段、时间、运动量、个体特征等[4]。郑怀贤对待技术教学的严谨，还体现在武技训练上，并且总结出了一套自己独到的训练体系，即以孙氏形意、八卦、太极三拳为骨架，融汇戳脚、翻子、八极、劈剑、大枪等技艺于一个训练体系，形成无中生有、刚柔相济、长短兼备、动静如一的劲力结构。对武术训练体系进行了熔铸与探索[5]。郑怀贤对待武术时不仅强调武术的本源化，还讲求武术的整体观。非常注重武术的本质技击，要求打、练结合不忘本源，在教学过程中注重实战。形意拳对练是郑怀贤的绝技之一，在传授这一绝技时，不仅对教授时的自身要求严格，对学生要求更是细微，讲究完整化。要求学生动作到位，精神到位，劲力到位。郑怀贤的教学思想不仅让学生学会套路，还要追其根源，让学生理解武术的本质，完整地传承武术，发扬武术。

2.1.2 教学用语严谨

语言是信息的载体，是交流思想，沟通心声的工具，是教学中联系师生教学活动的纽带。有道是"行行有术，寸寸是法。"这一点不错，学科不同，教学用语，术语也不尽相同。著名教育家叶圣陶指出："凡是教师的人绝无例外要学好语言，才能做好教育工作和教学工作[6]。"在体育教学中，教师要实现预期的教育目标，就必须营造一个优美的语言环境。简洁明快、严谨深刻和感染性的语言，经过巧妙应用，能营造和谐的课堂氛围，并调动学生的积极性[7]。郑怀贤深刻铭记自己是一名教师，教学用语非常严谨。上课都是用普通话进行教学，下口令一步到位，语言少而精炼，每个问题都说到点子上。郑怀贤在教学过程中还采用启发式教育，针对不同对象、不同年龄、不同条件、用不同的语言进行诱导，在保留优良的传统教育方式的同时也吸取了现代西方的教育模式。在教学用语上讲求用词的独到性及完整性，用词非常精炼，一是看形体，然后从外到内，再从内到外，眼睛的走向等，都说得一清二楚[8]。使学生能够心领神会，并建立起正确的动作概念。

2.1.3 课堂管理严格

课堂管理是教师通过协调课堂内的各种人际关系，和谐教学环境，引导学生学习，从而有效地实现预定教学目标的过程[9]。严格的课堂管理是开展教学活动的基石。郑怀贤对待学生，课上严格要求课下如同父子。这种课堂管理方式在严格的同时，又具有传统教学的特点，符合现在的教学形势，不仅重在教授技能，还在教育学生如何做人，如何传承中华优良的传统美德。郑怀贤治学严谨，在对课的组织和管理中细微到各个方面。武术是在郑怀贤这一辈人的努力下从民间逐步走入高校。进入高校之前武术没有系统化，对技术的学习理论的掌握都没有一个切实的整体概论。进入高校后，课堂的安排，教学的组织都探索时期[10]。但是郑怀贤对课堂管理有着严格的要求，比如在训练时不能"光着膀子"，这是对于着装上的要求。还有就是对课堂观摩人员也有要求，在上课期间可以观摩，但是不能影响教学和正常的上课秩序。从这些细节中可以看出郑怀贤对于课堂管理的严格要求和一丝不苟。

2.2 诲人不倦的教学风范

教育是社会持续发展的动力，教师的作用也在不断地增强和扩大，它不仅是人类文化的继承者与传递者，还是社会发展与变革的重要力量；教师不仅要传授知识，还要培养和发展学生的智力和能力，陶冶他们的情操，关怀和指导他们的学习和全面成长[11]。郑怀贤在培养学生方面十分重视量体裁衣，因材施教。对悟性较差的学生，他也能耐心地指导。他还把自己所学的太极拳、形意拳、八卦掌、擒拿、飞叉和八卦龙行剑等进行整理、新编，并传给不同的学生，让他们各精一门[12]。

2.2.1 言传身教

"言传"是相对于看书面文字、视频等教学手段而言的，是师生面对面的、在某一具体时空中的口耳相传。"身教"是教师不仅要用语言讲"规矩"和方法，更重要的是让学生看到在身体运动中如何具体体现这些"规矩"，即"言传"的同时更要"身授"，且这种"身授"是多角度、多侧面的"身授"，以让学习者更好地把握运动轨迹和动作姿势等[13]。因为武术套路具有动作多、路线方向变化多和一个动作包含因素多的特点，外形要求手、眼、身、步的配合，内有精神、呼吸、意识、劲力相统一的要求[14]，所以在武术教学中不仅需要"看图识字"，更多的还是需要言传身教。在学校教育中言传身教要求教师教育学生时不仅仅需要摆事实，而且还要严于律己，以自己的模范行动来影响、教育学生。言传身教是教育者应遵循的原则，是学校育人的追求目标。而郑怀贤在教学过程中的言传身教更是随处可见，图中坐在轮椅上指导郭洪海八卦掌这种高尚的精神，实为教师行业的楷模，是每一位教师学习的榜样。

图1　郑怀贤在指导郭洪海八卦掌

2.3　传承创新的教学理念

2.3.1　思想创新

　　创新是以新思维、新发明和新描述为特征的一种概念化过程。思想创新是社会实践和时代发展的要求，思想不创新就要落后于实践、落后于时代。思想创新同时还是事业发展的动力源泉。在武术教学、武术事业发展的过程中都离不开思想创新。但是创新并不是没有基础的、孤立的创新，而是与继承及发展相互联系，郑怀贤认为武术教学和武术事业的发展，首先要建立在继承的基础之上，在此基础上又有新的领悟，新的进步，这才叫创新。用一句话表达郑怀贤对武术创新的理解：继承挖掘整理再创新。

　　任何思想都是在创新中前进和发展的，不创新就要停止、倒退，甚至灭亡。1956年，国家下发文件，全国上下不许学武术，禁止技击。这对武术事业的发展造成了很大的阻碍。郑怀贤及时转变思想，成立了一个武术表演队，并亲自任队长。以武术的特有内涵为基础，同时加强了武术的艺术性。为武术事业的发展创造了新的空间，拓展了武术的价值和功能，探索出了武术推广普及的新形式。

2.3.2 技术创新

运动技术的发展有两种形式：渐进式和飞跃式，技术创新属于飞跃式发展。新技术的出现往往会引起整个技术体系的震荡，破坏原有技术结构，建立新的技术结构，使技术在较短的时期内得到长足发展[15]。旋子转体360°和上世纪60年代轰动一时的空手夺双枪，都是在郑怀贤创新思想下指导创造出来的。其中空手夺双枪就是从传统项目空手夺枪发展形成的。通过对这些技术的创新直接或间接地提高武术套路的新意和难度，也自然而然地外化成为代表更高水平的运动成绩。同时为武术运动的发展带来了革命性的影响。

3 结语

"少年壮志苦学艺，师事百家集大成；千里寻师抵上海，为国争光赴柏林；辛劳心血育桃李，动乱受难志不移[16]"。这是对郑怀贤教授充满传奇的一生的真实写照。其在武学领域的成就令我辈后学高山仰止，其对传承、发扬中国武术所做的贡献令世人叹为观止[17]。郑怀贤教授在长期的武术教学过程中所形成的严谨的教学态度、诲人不倦的教学风范、传承创新的教学理念，皆为吾辈后学之榜样。其教学思想在武术事业的发展进程中具有举足轻重的地位。同时也为新中国武术事业的发展奠定了意义深远的思想基础。

参考文献

[1] 金岳霖. 形式逻辑[M]. 北京：人民出版社，1979.

[2] 李海，邓娜，杨小雯. 论教学理念及其对教学的影响[J]. 教学研究，2004，03：232-234，240.

[3] 袁勤. 武术传承方式的现代教学论诠释[J]. 体育与科学，2009，04：97-99，38.

[4] 徐武. 论运动训练系统结构及调控方法[J]. 武汉体育学院学报，2001，04：72-74.

[5] 成都体育学院武术系审定. 飞叉[M]. 北京：人民体育出版社，2012.

[6] 任绍涛. 摭谈体育教学语言运用的原则[J]. 才智，2011，06：248.

[7] 任重. 体育教学中的语言艺术刍议[J]. 教育与职业，2006，15：190-191.

[8] 邢照利. 郑怀贤武术教育思想的口述史研究[D]. 成都体育学院，2013.

[9] 顾援. 课堂管理刍议[J]. 教育理论与实践，2000，12：41-46.

[10] 位慧娣. 张文广武术教育思想研究[D]. 北京体育大学，2015.

[11] 全国十二所重点师范大学联合编写. 教育学基础[M]. 北京：教育科学出版社，2008.

[12][16] 柏昱. 绝技写春秋——著名武术家郑怀贤先生传略[J]. 体育文史，1993，05：39-43.

[13] 涂琳琳. 对武术"口传心授"的重释及其时代意义探析[J]. 西安体育学院学报，2016，02：205-212.

[14] 全国体育院校教材委员会审定. 中国武术教程[M]. 北京：人民体育出版社，2004.

[15] 全国体育院校教材委员会审定. 运动训练学[M]. 北京：人民体育出版社，2000.

[17] 张路平. 蔡龙云武学思想研究[D]. 上海体育学院，2011.

少林禅武医与郑怀贤拳武医发展对比研究

刘 鑫

【摘　要】运用逻辑分析法、文献资料法、案例分析法、比较分析法等研究方法，通过对少林禅武医思想与郑怀贤拳武医思想的回顾，将少林武术禅武医中医学思想与郑怀贤拳武医思想进行分析比较，发现郑怀贤医学发展中存在的问题：实体企业未成立，产业结构杂，营销策略不明确，战略意识薄弱，受众消费少引导，经济效益少。并借鉴少林禅武医产业成功的因素：依托少林武术品牌，形成战略意识，整合武术产业结构，提升产业实力，进军武术消费市场，实现经济效益。设想郑怀贤医学发展的路径抉择：生产阶段应提高培育品牌的意识，塑造形象生动的品牌；营销阶段须利用互联网新科技，开拓多元化销售手段；消费阶段需掌握顾客消费心理，激活大众的购买欲望。

【关键词】少林禅武医；郑怀贤拳武医；医学思想；对比

【前　言】随着社会经济的不断发展与进步，步入生态文明新时期的中华民族，迎来号称"银发时代"的老年社会，老年社会中最突出的表现是老龄化现象严重，据民政部2016年7月公布的《2015年社会服务发展统计公报》显示，截止2015年年底，"我国60岁以上老年人口达到2.18亿，占据总人口数量的16.08%，其中65岁及以上人口1.42亿，占总人口的10.52%"[1]，老年人的生活质量、生命健康问题成为社会关注和受众群体关心的聚焦点，作为中华民族优秀传统文化代表和载体的医学，能够起到治病祛病、强身健体、康复治愈的医疗效果，是保障生命健康、提高生活质量的有效手段，而在武术中少林禅武医、郑怀贤拳武医的传统医学治疗手段，能够弥补现代医学手段的不足，继承和弘扬其中的医学思想理论和实践，有利于实现并复兴传统文化价值的社会目标，造福全世界、全人类。

1　少林禅武医思想与郑怀贤拳武医思想回顾

少林禅武医是融合禅通武达的少林功夫与博大精深的少林禅医后的统一体，形成的少林养生体系的总和，特征是"禅学、武学、医学三者相辅相成，医因武而来"[2]，武因禅而生，武学、医学最终归入禅学，起源于僧人们在学禅之余进行习武，充分挖掘并利用嵩山少林药材资源，与民间医术疗养方法相互结合，逐步推演出点穴疗法、气功疗法、推拿疗法等等，将佛家禅宗普度众生的悬壶济世思想融入其中，逐渐发展为由外科到内科、由治疗跌打损伤至治疗很多疾病，建立起具有少林武术特色的禅医；郑怀贤拳武医是在早年习练形意拳、戳脚番子等武术的过程中，继承了源远流长的传统正骨术、按摩术、伤科中药术，创建武医结合的中国运动创伤学体系，先后出版和编纂了《按摩学》《正骨学》《运动创伤学》《伤科医诊》《当代中药外治临床精要》《骨科常见疾病》《实用伤科中药与方剂》等十多部教材，武医相结合的特征是自我医疗、自我保护，以阴阳、五行、八纲、气血、经络等中医理论为基础，运用望、问、摸、诊四个手段[3]，体现辩证和辨病相结合的原则，吸收西方医学优点，从而达到标本兼治的目标。

2　少林医学思想与郑怀贤医学思想解读

少林医学思想和郑怀贤医学思想凝聚了厚重的中华民族传统思维、价值观念和文化价值，对二者进行治疗效果、医德医风、推广模式、社会价值、基础理论、诊断疗法等多方面的解读，能够起到相互借鉴、相互促进、相互学习的目的，带动中华民族传统医疗手段的普及与推广，唤醒大众对传统医学手段的认知、认同与自信，实现传统医学手段在当下的医疗价值，提升大众生活质量水平，为大众的生命健康安全保驾护航，二者的对比如表 1 所示。

2.1　诊断方法差异

"少林禅武医养生在医学实践中引导大众明心见性"[4]，能起到养生、养心、调息的修身效果，主张培养个人、社会、集体的和谐、和睦发展，以佛家禅宗出家人慈悲为怀的理念作为治病主旨，利用呼吸、导引、藏象、观想、气血等学说作为基础理论，保持经络和气血的顺利通畅运行，将修禅、饮食、内养功、通窍四个手段综合运用，促进身体的强健和精神的美好诉求的相互协调、统一发展。郑怀贤拳武医在医学实践中利用中医骨科中手法施治的动作要领，以"外练筋骨肉、内敛精气神"的武术精髓融入到患者的治疗中，"将用药方法、用药法则、处方、防治疾病物质有机结合起来"[5]，采用望、问、摸、诊四个手段，调节体内阴阳的平衡，维持内环境的稳态，促进机体的有效运行，为机体的康复提供充足的保障。

表1 少林医学思想与郑怀贤医学思想对比图

	诊断方法	推广模式	基础理论	社会价值	治疗效果	医德医风
少林禅武医	修禅 饮食 内养功 通窍	成立实业公司 打造少林品牌	印度医学 中国脏象学 经络学 解剖学 阴阳五行学 子午流注 易理学说、 导引学等	文化 历史 养生 普世	修身 修心 修息	天道好生 救死扶伤 热爱生命 一心向善
郑怀贤拳武医	望 问 摸 诊	依托高等院校	经络学 脏象学 导引学 药理学 生理学 生物力学 处方学等	教育 历史 健康 救世 文化	强健筋骨 内外兼治 医患结合	虚怀若谷 不耻下问 乐于奉献 品德高尚 宽容善良

2.2 推广模式比对

少林禅武医在少林品牌的塑造下和少林药局的推广下，形成了一定的产业链与消费市场，适合当前经济发展的需要，为少林品牌创造了良好经济效益和社会效益，实现了少林武术的社会责任与担当，"诸如少林寺的三皇寨、少林禅武医文化实体少林养生堂、河南嵩山禅武医研究院等"[6]，均是为传播和弘扬少林禅武医养生文化养心、悟禅、强身精髓的载体，为少林禅武开辟消费市场。郑怀贤拳武医则是依托高等院校，成立运动医学系，形成以中医为基础理论，中西合璧的骨伤和运动创伤治疗教学体系，将武医相互结合运用到教学实践中，为郑怀贤拳武医培养后备传承人，促使其医学思想和医学实践传遍大江南北，并出版骨科相关科学著作十余部，为世人留下了宝贵的传统医学经验。

2.3 基础理论区别

少林禅武医是吸收印度医学文化和中国脏象学、经络学、解剖学、阴阳五行学、子午流注、易理学说、导引学等基础理论所形成的传统医学体系，将"禅定"作为基础法门，以经络学说和气血学说作为少林点穴按摩术的根基理论，利用八卦、阴阳、五行学说，练习点穴按摩术须辨明诸多穴位所在的准确位置，掌握各个穴位与气血、脏腑的关系，使气血保持畅通，达到"通则不痛"的健身效果。郑怀贤拳武医以中国传统医学理论经络学说、脏象学、处方学、阴阳五行学等为主，以解剖学、生理学、生物力学、药理学等为辅，归属于脏腑的经络以十二经脉为主，十五络脉、十二经别、奇经八脉为辅，注重十二皮部、十二经筋、外络于肢节，构成表里如一、内外相连、天人合一的有机整体，诸如在《备急千金要方》所述："凡孔穴者，乃经络行往来处，导气远而抽病也"[7]，实现身体经络、气血的畅通无阻。

2.4 社会价值对比

少林禅武医是融合少林功夫、禅定、传统中医学理论三位一体的综合体系，"具有独特文化特征的少林医学"[8]，承载着传统文化的思维方式、价值观念、生活方式、民俗民风、地理人情等文化价值，具有禅宗、武术、医学不可替代的历史价值，传播着以武健身、以禅修心、以医养身的健身养生价值，弘扬着佛家禅宗出家人慈悲为怀的悬壶济世普世的价值。郑怀贤拳武医记载着传统中医文化脏象学说、阴阳五行学说等精髓理论的历史价值，普及和推广郑怀贤拳武医学以人为本的思想、实现教育百年大计的教育价值，对外出版相关运动创伤学的书著，实现社会担当和社会公益，正如《黄帝内经素问》中提到："夫释缚脱艰，全真导气，拯黎元於仁寿，济羸劣以获安者，非三圣道，则不能致之矣"，[9]继承武术人行侠仗义、匡扶不平、救人治病的侠义救世价值，满足大众对中医促进身体康健、治疗疾病需要的健康之价值，起到传承郑怀贤禅武医思想内涵的文化价值作用。

2.5 治疗效果比较

少林禅武医在治疗效果上遵循气机结合的养生规律,将以意养气、行气、理气的修禅过程与饮食、功法锻炼、通窍四种手段相结合,实现身体康健、治愈疾病的养生健身之功效,促进身体在禅定修行之路上的健康奔走,实现身体与心灵的高度和谐与统一,放松身体、进行体悟、感知生命,以平静之心处世,提高自身道德素质与行为实践,约束自身、严于律己,达到天人合一、身心自然、道法自然的修身、修心、修息之治疗效果。郑怀贤拳武医在治疗效果上融入传统中医优秀理论,通过诊断、正骨手法、夹缚绑定、中药剂、按摩、手术治疗、功能锻炼实现医治效果,促进人体筋骨强健、经络疏通的外在身体养生,对骨科、伤科进行外服内用的治疗,能够取得明显的治愈康复疗效。

2.6 医德医风论释

少林禅武医以"佛家禅宗出家人有好生之德、戒杀生、热爱生命、一心向善、诸事莫恶"的清规戒律为指导理念,通过宣扬与履践伤科子午流注学说和易理伤科等学说,"达到治病救人、救死扶伤的处世之道"[10],实现对天道观、自然生命观、生命本质观、生命价值观理念的践行,传播与弘扬少林武德、医德相结合的禅武医道德理念。郑老在传播和弘扬拳武医思想时,一方面以坚持不懈的毅力普及与推广治疗运动创伤之经验,树立不耻下问、虚怀若谷的学习精神理念,积极收集、整理、研究关于运动创伤发病机理、预防机制、治疗举措,出版关于中医伤科理论经验的《伤科治疗》一书,"为教练员、运动员、医生提供有效的医务科学依据"[11];另外一方面,运用其高明的医术彰显高尚的医德,以和蔼可亲的态度急病人之所急、想病人之所想、做病人之想做,以宽容为怀、善良为本,将治好伤病、解除痛苦作为一生的幸福追求。

3 郑怀贤拳武医发展中存在的问题与路径抉择

通过比较少林禅武医和郑怀贤拳武医思想中的治疗效果、医德医风、推广模式、社会价值、基础理论、诊断疗法,笔者发现少林禅武医在推广模式、社会价值方面优于郑怀贤拳武医,少林禅武医成功的因素在于它依托少林武术，强势打造少林品牌，开拓少林禅武医产业市场，在基础理论和诊断疗法中少林禅武医既注重外在的康健，又善于强调身心的协调、统一发展，因此借鉴少林禅武医产业发展经验，重构郑怀贤拳武医思想文化内涵，选择郑怀贤拳武医可持续发展的设想路径势在必行。

3.1 郑怀贤拳武医发展存在的问题

3.1.1 实体企业未成立，产业结构杂

社会实体企业的成立是促进郑怀贤禅武医形成产业链，发挥产业集群效应，促使产业结构优化的重要举措。2015年12月在成都体育学院成立的郑怀贤武学研究所，是继承和弘扬郑怀贤武学的实验基地和科研机构，推广和普及郑怀贤武学教育和发展产生的积极影响，反观郑怀贤医学，只是建成了相应的运动医学教育体系，为郑怀贤医学思想的继承、弘扬培育了后备人才，成为郑怀贤医学思想发展源源不断的驱动力，在医学事业、教育行业发挥出郑怀贤拳武医的社会价值，但经济社会追求的是经济效益和社会效益的双收，若在社会上成立郑怀贤拳武医企业，建设相应的制度和管理体制，带动相关一系列产业的崛起，诸如对武术器械、武术服装、武术表演、运动损伤治疗等产业结构进行合理的调整，将释放出发展的无限活力。

3.1.2 发展策略不明确，战略意识弱

发展策略的不明确是影响郑怀贤禅武医进军武术消费市场的拦路虎和绊脚石，缺乏战略意识，将对郑怀贤禅武医的可持续健康发展产生消极的影响，开发和利用郑怀贤拳武医资源，发展郑怀贤拳武医产业，是在社会主义市场经济体制下郑怀贤禅武医发展阶段面临的重要问题之一，实现时代赋予郑怀贤拳武医的历史使命和社会担当，如何实现郑怀贤拳武医进入武术消费市场，遵循武术消费市场规律，以经济学的角度，借用产权理论和营销理论，制定符合郑怀贤拳武医的发展策略，将郑怀贤拳武医的发展提高到战略意识层面，树立正确的发展战略意识，指导郑怀贤禅武医科学化、规范化发展，建立更加符合市场经济运行的一套有效机制，是郑怀贤禅武医快速、健康发展的制度保障和战略保障。

3.1.3 受众消费缺引导，经济效益少

消费社会的到来，为郑怀贤拳武医的发展提供了新的机遇和挑战，进

军武术消费市场，拥有一定的市场占有额，对郑怀贤拳武医的发展提出了更高的要求，既要实现市场的经济效益和社会公益担当，又要为郑怀贤拳武医生存空间拓宽疆土，面对日益多元化的消费社会，随着西方消费文化的传入，中国武术消费市场被多元化的全球性文化所占据，受众群体面对纷繁复杂的消费市场应该如何选择，如何保持正确、理性、适度的消费观，是郑怀贤拳武医实现消费市场盈利的关键因素，如何保持在武术消费市场的正确发展方向和科学适度消费，成为郑怀贤拳武医能否扮演好在武术消费市场的角色的影响因素，在这个大的背景下，郑怀贤禅武医迎来时代的考验，研究消费社会中郑怀贤拳武医的发展问题，是亟须解决的重要课题。

3.2 少林禅武医产业成功的因素

3.2.1 依托少林武术品牌，形成战略意识

少林禅武医产业的发展离不开少林品牌的号召力和影响力，是少林品牌助力发展的成功模型和经验案例，品牌的塑造能够使少林武术、少林禅武医树立一个良好的市场形象，引起大众消费关注的视野，激发起顾客的购买欲望，挖掘出武术消费市场的无限潜力，少林禅武医借少林品牌名称、品牌的设计、品牌的商标，间接或者直接向大众输出禅武医产品的信息，表达出禅武医产品的追求及核心价值观，生动外在的形象设计，有利于消费者加深对禅武医产品的深度认识、理解、认可，便于将顾客忠诚度、顾客满意度无限地扩大，为禅武医消费市场的扩大提供支持，反过来，巨大的消费市场需求又刺激了禅武医产品的再生产，因此，少林武术品牌为禅武医的培育带来数不胜数的无形的资产收益和有形的经济效益。

3.2.2 整合武术产业结构，提升产业实力

少林武术产业机构具有自身的特点，少林武术产业的发展对国民经济的发展有着促进作用和一定的贡献，由于少林武术产业内部各个环节不尽相同，对少林武术产业的综合实力贡献率和比例也有所不同，少林武术产业有少林武术核心产业、少林武术中介产业和少林武术外延产业，少林武术核心产业是以少林武术为主的技术产业，包括少林武术健身养生市场、少林武术休闲娱乐市场、少林武术表演市场、少林武术格斗防身市场等等，它是少林武术产业中的基础，少林武术中介产业是将少林武术核心产业、

外延产业相连接的桥梁，能够实现少林武术技术的输出与消费，生产少林武术经纪人、教练员、运动员、裁判员、科研人员、武术名家等，少林武术外延产业则是保证二者顺利生产与消费的"安保"，诸如少林武术场馆建造、武术产品制造、武术文化传播等实物、非实物产业。

3.2.3 进军武术消费市场，实现经济效益

少林武术消费市场形成核心产业、中介产业、外延产业三位一体新局面，表面看似是"三业鼎立"，实际上产业间保持着密切的联系与沟通，产业间的互动性、流动性促进了少林武术在消费市场上"呼风唤雨"式的发展，依托国民经济中第二产业制造业和第三产业服务业，降低了少林禅武医进入武术消费市场的门槛，扩大了少林禅武医产业的发展规模，以强势的少林武术产业结构盘活少林禅武医品牌的发展，少林禅武医产业随着少林武术的核心产业辐射到了少林武术的中介产业和少林武术外延产业，形成少林武术品牌产业优势，实现巨大的经济效益，在实现少林武术经济效益的同时，少林禅武医产业和少林品牌注重社会担当，将社会公德和社会公益发展放在与经济效益同步的地位，完成社会发展的使命和社会担当。

3.3 郑怀贤拳武医发展的路径设想与抉择

3.3.1 生产阶段：提高培育品牌意识，塑造形象生动的品牌

在市场经济和消费社会的大背景下，郑怀贤拳武医的发展离不开受市场经济规律和消费社会的影响，培育郑怀贤拳武医品牌意识，塑造生动形象的品牌，郑怀贤拳武医依托社会机构、高等院校，已经取得了可喜可贺的成绩，为国家的教育事业、医学产业做出了应有的贡献，但若想将郑怀贤拳武医品牌做大做强，必须树立产业意识、品牌意识，以商业化的运作模式促进郑怀贤拳武医品牌的发展，除了传统地借助媒体进行宣传与推广外，应以各类竞技武术赛事为依托或借助武术明星、名家、名人效应，搭建郑怀贤拳武医品牌发展的新平台，提高和强化郑怀贤拳武医品牌的知名度和影响力，为武术爱好者和医学爱好者提供交流与沟通的机会，推动郑怀贤拳武医品牌在国家、国际的普及与推广。

3.3.2 营销阶段：利用互联网新科技，开拓多元化销售手段

在塑造郑怀贤拳武医品牌之后，解决郑怀贤拳武医"商品"的营销问

题，是实现郑怀贤拳武医品牌使用价值和自身价值的载体，能够刺激郑怀贤拳武医品牌市场的相关消费。须利用互联网科学技术，树立市场营销学的先进理念，丰富多元化的销售手段，拓宽郑怀贤拳武医品牌的营销渠道，以政府关系、社会关系等公共关系的营销为主，以价格促销、优惠促销、武术明星代言为辅，将"互联网+"与拳武医相结合，利用线上O2O模式和线下消费者体验店的营销模式，把多媒体带来的拳武医体验视频、语音、文字、图片等资料活灵活现地展示在消费者的视野中，利用微信网络平台"二维码"模式，借势进军微信市场，将财付通、微信支付、支付宝相结合的手机支付市场引进拳武医支付平台，形成拳武医用品+财付通+二维码+微信+支付宝关系链，孕育出新兴的拳武医营销渠道。

3.3.3 消费阶段：掌握顾客消费心理，激活大众的购买欲望

在郑怀贤拳武医品牌后营销阶段，应注重售后服务的调研和回访工作，注重顾客、受众全体对产品、服务的满意度，毕竟顾客的忠诚度和满意度是影响产品口碑的重要因素，掌握和熟悉顾客的消费心理习惯，将走访后的反馈作为产品在生产的参考依据和衡量标准，促进适合市场的产品再次研发与市场占额的增长，准确定位产品的针对性和市场，凸出产品的市场个性化，大力对郑怀贤拳武医品牌进行文化包装和价值附加，形象生动的产品外包装能够给消费者和受众群体树立一个良好的产品形象，使顾客对产品有一定的认识与了解，拉近消费者与产品之间的亲密感，增进受众群体对产品的感情，从而维系大众对产品的购买欲望，此外，彰显产品附加的文化价值、教育价值等，有利于扩大不同层次的消费着人群范围，促进产品市场占有率的提高，获得更多的经济利益和社会效益。

4 结语

少林禅武医和郑怀贤禅武医是传统文化的代表和载体，对于复兴、弘扬、传承民族文化有促进作用，普及和推广是实现二者社会价值的重要路径，郑怀贤禅武医在医学思想和少林禅武医有共同之处，但在发展、推广模式上，郑怀贤禅武医通过借鉴少林禅武医产业发展的成功经验，设想郑怀贤禅武医可持续、健康发展的路径抉择，对于消费社会背景中的武医结合文化具有重要意义。

参考文献

[1] 民政部. 2015 年社会服务发展统计公报[EB/OL]. [2016-07-11]. http://www.mca.gov.cn.

[2] 阮志斌. 嵩山少林禅武医[M]. 北京：中国工人出版社，2008.

[3] 冉德洲. 郑怀贤医著集粹[M]. 成都：四川大学出版社，1997.

[4] 陈瑞燕. 少林禅武医——德建身心疗法[M]. 北京：光明日报出版社，2014.

[5] 侯乐容，解勇. 郑氏伤科理论与临床[M]. 成都：四川科学技术出版社，2010.

[6] 赵国成. 嵩山论剑——少林禅武医探秘[M]. 郑州：中州古籍出版社，2007.

[7] 孙思邈. 备急千金要方[M]. 汴州：宋代校正医书局，1069.

[8] 永信. 禅武合一：少林功夫[J]. 法音，2008（07）：28.

[9] 田代华. 黄帝内经素问[M]. 北京：人民卫生出版社，2005.

[10] 喷漆浩. 禅道与气功养心术[M]. 北京：北京体育学院出版社，1991.

[11] 旷文楠. 武林大家郑怀贤[J]. 中华武术研究，1995（07）：29.

郑怀贤武学思想对武术与民族传统体育专业人才培养的启示研究

罗海斌　刘震东

【摘　要】当前社会对武术与民族传统体育专业人才培养的要求越来越严格，本文重在研究对武术作出突出贡献的郑怀贤教授的武学思想，探索郑怀贤先生武学思想的发展及其对武术与民族传统体育专业人才培养的启示，通过文献资料法并访谈多位专家，对郑怀贤武学思想进行归纳与总结，在此基础上进行深入的研究，达到构建武术专业人才培养的新模式，改善武术教学内容，达到传承中华民族精神，弘扬传统民族文化的目的。武术与民族传统体育专业在郑怀贤武学思想的启示下将依据自身专业特点，提升专业素养，在激烈的社会人才市场中保持较高的专业竞争力和影响力。

【关键词】郑怀贤；武学思想；武术与民族传统体育；人才培养

1　郑怀贤先生简介

1.1　郑怀贤是德高望重的武术家

郑怀贤（1897年9月—1981年10月），世界闻名的武术家、中医骨伤科专家、教授。武医兼修，造诣非凡；德术双馨，风骨励人，被后人尊称为一代"武医宗师"。郑怀贤先后师从于"飞叉大王"李洱庆、戳脚门大师魏昌义、孙氏太极拳创始人孙禄堂等武术大家。郑怀贤技艺精湛，他的"八卦掌""活步推手""散手""快摔""擒拿"为西南武术界中的技艺绝技，一生中又以"飞叉""孙氏八卦掌""擒拿"为三大技击绝技，其武术技艺和武学思想闻名海内外。郑怀贤作为中华人民共和国成立以来的著名武术家，穷其一生所形成的武学体系在中国武术界影响巨大，对当代的武术教育做出了卓越的贡献，是近代中国武术发展史中宝贵的文化遗产之一。

1.2 郑怀贤教授是我国著名的中医骨伤科专家，奠定了中国运动创伤学的基础

郑怀贤经过几十年的临床实践和不断总结，医疗技术超群，学术自成体系，是我国中医骨伤科的一朵奇葩，他创建了独特的正骨术、按摩术、练功术和伤科系列方药。特别是他很好地继承和发扬了武医结合的传统，博采各家之长，深得武术和骨伤科之妙，创造性地发展了中国骨伤科学。郑怀贤一生钻研的就是"武医结合"，并完美地继承和发扬了这一宝贵遗产，并逐渐使之成为运动医学的一个完整分支——具有中国特色的运动创伤学。所以，我们可以说郑怀贤发展和丰富了中国运动医学，是中国运动创伤学的主要创始人和奠基人，中国武术在发展的历史长河中，找到了一种自我保护、自我治疗的方法，那就是"武医结合"。

1.3 郑怀贤武学研究所的成立

为进一步挖掘和弘扬以郑怀贤教授为代表的老一辈武术家的武学思想和技术体系，使郑怀贤武学思想发扬光大，凸显办学优势和特色。2016年4月6日，成都体育学院正式成立了郑怀贤武学研究所，继承和发扬以郑怀贤武学思想为典型代表的武学精髓，对弘扬民族文化、提高群众健康水平，具有极其重要的意义。

2 郑怀贤先生的武学思想

郑怀贤所留下的武术财富，是一朵绚丽的奇葩，其价值之高，一直为后人所推崇。几十年来，经过众多武术工作者的不断探索与总结，逐渐形成一套武技、武医、武德相结合的武学体系，并以科学、严谨的姿态展现在世人的面前。这位曾任中国武协主席的武林大师，对当代武术教育与武医事业做出了巨大贡献，在我国武术史上留下了光辉的一页。

2.1 练打结合，追求武术本质

郑怀贤先生将自己的一生奉献给教育事业，他对武术有着独到的见解，他在教学过程中深入思考武术的本质及武术的感悟，并受到中华传统文化思想的影响。郑怀贤武学思想深刻体现了现代人的价值取向，以武医结合、

武德至上的核心思想为武术发展指明了方向，为武术事业的前进奠定了深厚基础。首先，郑怀贤反对封闭式的教学，他认为交流才会进步，同时也对武术的真实性提出了自己的观点，认为武术应该注重其传统性、真实性，不能故弄玄虚，哗众取宠，武术的发展应该从求真务实的角度出发。其次，在教学过程中，郑怀贤不仅追求武术的本质，他更看重武术的技击本色，要求练与打的结合，讲究攻防含义，练中有打，打中有练，练打结合。郑怀贤强调"练功不练法，出手被人拿"，教学要求严谨规范。郑怀贤的教学思想是不仅让学生学会套路，还要追其根源，让学生理解动作的本质，完整地传承武术和发展武术。郑怀贤的武术思想可以用三句话来概括："他的指导思想是'练武不练功，到老一场空''练拳不连套，打拳瞎胡闹''练拳不练法，交手就挨打'，这是他的三句名言，也是他的学术思想"。

2.2 武医结合，奠定理论基础

作为中国著名的中医骨伤专家、武术家，郑怀贤将武医结合的传统发扬光大，同时博采众长，兼收并蓄，奠定了郑式伤科的方药体系、正骨手法、经穴按摩、练功方法等理论基础。同根同源的中医骨伤科与传统武术有着共同的哲学方法论基础，武医技术相通，健康养生理念相同，骨关节肌肉系统伤病防治殊途同归。阴阳五行是中华武术和中医学的理论基础，自古习武之人必习医，郑怀贤将治疗与练功进行有机结合，创编了许多养生功法，并将这些武术功法应用于健身和康复锻炼之中。武术中功与力的共性和共识对中医骨伤科医生的手法技术等的发挥具有指导意义，刚柔相济是练武行医的共同准则，郑怀贤重视医者练功，武者习医。郑式按摩技法中不仅有源自武术的技法，更有强调手眼身法步的用力技巧，他认为不管是武术动作还是骨伤科手法，都要求做到力的收放自如，对力量的控制与运用恰到好处，也就是说医者练功会提供更好的力量基础，可以使得各种手法运用得心应手，郑怀贤将武术与中医的结合，是其武学思想体系的重要环节。基于历史的客观现实出发，武医结合、体医渗透，能更好地提高身体素质，开展康复指导；武医结合，是对运动系统伤病的整体论治指导，也是郑氏伤科整体论治的特色和优势。

2.3 重视武德，继承优良传统

郑怀贤先生作为一名"在教育实践和教育理论上有重要贡献，对中国现代教育的建立、发展起过重要作用的教育工作者"，他认为提高教育素养是至关重要的，郑怀贤对待学生就像对待自己的孩子一样，全方位地关心学生，郑怀贤作为教师"知道教师的使命，不在教书，在教育整个的青年；不在追求物质的报酬，在得到精神上的快乐"。郑怀贤对学生和蔼可亲，对自己非常严格，习武之人要求"未曾习武先习德"就是要求习武者要严格要求自己，做到身体力行，知行合一。武德使得武术的教育功能更加具有说服力，是武术呈现出东方文明的特有气质，不仅使武术练习者富有饱满的激情，还使他们富有内涵，体现了武术在追求观赏价值的同时又追求高尚的精神气质，郑怀贤一生习武深得武德的精髓，实践证明郑老的武德观对后辈习武者的武德养成有很大的影响。在"文化大革命"时期，郑怀贤受到了"文化大革命"冲击受尽折磨，但是郑怀贤一直坚定着自己的武德思想，遵循着"善良为本，宽容为怀"的原则，做到以理服人、以德服人，时刻保持着一颗虚怀若谷之心，不计前嫌。郑怀贤的武德思想就是服务社会，为人民、为国家奉献。郑怀贤是武医名家，在他的一生中不知治愈了多少病人，几十年如一日每天坚持。郑怀贤的意志品质还体现在教育事业当中，他对自己要求非常严格，做到以身示教，在他晚年行动不便的时候，仍坐着轮椅在校园中亲自指导学生，年事已高的他依然挂念着学生，挂念着中国的武医教育事业。

3 武术与民族传统体育专业人才培养存在的问题

武术与民族传统体育专业培养学生的目的是使他们不仅能够掌握武术与民族传统体育专业的基本理论知识和实践技能，还要求学生能够掌握有关教学、训练、科研、竞赛、管理等的一系列能力，要求学生具有较高的专业能力和综合的专业素养。然而当下，笔者认为武术与民族传统体育专业的人才培养方面还存在着一定的问题。

3.1 武术与民族传统体育专业学生能力培养存在问题

当前阶段，武术与民族传统体育专业能力建设过于倾向单向发展，大致分为套路和散打两大类，培养出来的人才专业能力过于单调，套路专业的学生实战能力不强，而散打专业的学生的套路演练能力又有所欠缺，这往往导致学生最终不能完整地表现出武术的本质和内涵。当下社会对于武术与民族传统体育专业能力的要求越来越高，首先武术与民族传统体育专业人才的培养缺乏目标导向，不是社会上真正认可的武术，在人才的培养上不能明确武术教学内容，造成该专业所培养的学生专业能力不够完善，不能满足社会需求。其次是武术与民族传统体育专业教学过于分化，武术的本质属性是演练与实战的结合，而当下的套路是套路，散打是散打，教学内容、教学形式区别较大，导致套路与散打的区分越来越明显，但两者都不能单一地构成真正的武术。

3.2 武术与民族传统体育专业学生武德培养存在问题

当前武术与民族传统体育专业学生的人才培养方面缺乏综合素质的养成，其中包括武德教育、身心健康教育、态度教育等，缺少对学生思想层面的教育，导致大部分该专业人才走出校门时容易出现两个极端，一部分人有稳定的工作，或走上教师岗位，或当公务人员；而另外部分学生走出校门后参与到"要账公司"等黑社会组织，工作极其不稳定，对社会和武术人的形象都造成了反面影响，当中缘由就是缺乏武德、心理、职业态度等方面的教育。仅仅为了培养学生专业能力，而忽略了学生品德的教育是武术教育的一大问题，没有很好地培养学生对专业的认同，让他们形成贡献社会的观念，所以对武术与民族传统体育专业学生的思想教育行动是培养工作中的重中之重。

3.3 武术与民族传统体育专业学生综合能力培养存在问题

武术是代表中华传统文化精神内涵的国术，当下武术与民族传统体育专业的学生过于追求现代竞技体育所带来的激情，一味地追求格斗，忘却了传统武术中的养生与医疗功能，抛弃了传统武术所应该有的内容，造成了该专业学生综合素质不够全面。武术作为中华文化的精粹，是国术，是中华传统文化奠定了武术的理论基础，其中包括了中华文化整体观念，因此，培养武术人才全面的素质能力是当下人才培养急需提高的一环。

4 郑怀贤武学思想对武术与民族传统体育专业人才培养的启示

武术的本质是技击，是我国的"国术"，深受人民喜爱，从其功能来看，它具有健身、教育、娱乐等功能。它不仅仅代表了民族特色的运动项目，更多的是中华传统文化的传承。参考郑怀贤武学思想，促进武术与民族传统体育专业人才培养的能力建设，针对这一发展目标，文章得出以下结论。

4.1 结合武术的本质，探索武术新的教学理念

从当下我国的政策形势来看，首先武术的教育应该在发扬民族传统文化的基础上加以探索，依托郑怀贤先生的武术教学理念，深化武术本源的研究工作，探索武术套路与实战的契合点，未来武术教育的发展应该是强调武术的技击本质，还原武术的原有形式。其次是研究学生的主体性和个体性差异，发挥主动性，排除武术的虚假扩大成分，认清武术的真实面貌。在提高个人技术水平，改进教学理念的基础上，去其糟粕，取其精华，更新现在的武术教学模式，丰富教学内容，提高教学质量。在郑怀贤武学思想的指导下，充分发挥武术本源的魅力，培养练习者对武术有一个清晰的认识，增强武术的本源内涵。

4.2 加强武德育人与人才培养

武术教育的第一步并非是传授技术，在武术人才培养的过程中，更应重视武德的教育，郑怀贤提倡习武先习德，对自身也是严格要求。在教学开始时就应对学生的思想品德严格规范，不符合条件的学生，资质天赋再高也不可教，在教学的过程中也应注重纠正学生的习武心态和动机。因此，郑怀贤所提倡的武德对习武者来说意义重大，武术教学中注重习武者的人品、对待老师和学生的态度，这些都体现了武德的重要性，现代武术重技术训练，而缺乏道德的教育，能体现武德的只有开始阶段的抱拳礼，而抱拳礼所包含的武德，多数学生又不懂。因此，郑怀贤所提倡的加强武德的教育是武术发展的动力，当下市场竞争是人才的竞争，所以人才的培养对与社会的发展尤为重要，通过武德教育的培养，能使武术与民族传统体育专业学生具有坚定的品质、严谨的态度和高尚的人文素养。

4.3 重视传统文化保护与传承

通过研究郑怀贤先生的武学思想，发现武术的教学不仅仅是技术的传

授、品德的培养，更重要的是培养出武术文化综合素质过硬的传承者和中华传统文化的继承者。郑怀贤作为优秀的武医结合的一代武学大师，他代表了武术发展的方向，武术不应仅仅局限于武术自身技术的发展和武德的养成，还需要完善对中医骨伤科的学习，中医与武术有着千丝万缕的关系，武术与中医相辅相成，武术与跌打疗伤形影不离。中国古典哲学思想、阴阳五行共同奠定了武术与中医的理论基础，武术功与力的练习对中医骨伤科医生的手法技术等的发挥具有明确的指导意义，武术的养生与中医的养生使得武医不分家，刚柔相济是练武行医的共同准则。因此，武术与中医的结合既是从古至今两者必然的发展方向，是中华文化相互联系的一部分，又是武术本身发展的需要，具有极大的互补优势和生命力。

5 结论

文章通过对郑怀贤武学思想的分析得出，郑怀贤武学思想对武术与民族传统体育专业人才培养具有很好的启示作用，特别是对武术未来教学目标的改进具有重要的作用和意义。

一是郑怀贤武学思想与中华传统文化有着必然的联系，在当前国家战略背景下，国家软实力的发展离不开中华优秀传统文化的大力建设，郑怀贤武学思想是中华优秀传统文化的代表和精髓，通过将其武学思想融入到武术人才的培养当中，改进武术教学内容，培养出能够代表优秀中国文化的人才参与到文化建设中，是武术发展的必然选择。

二是郑怀贤武学思想对武术与民族传统体育专业建设的改进有三点启示：一是探求武术演练与实战的契合点，追溯武术本源性，改进教学理念与教学模式，探索武术教学新目标；二是加强武德在人才培养中的比重，培养学生重人品，讲礼节，体现武术品德教育的功能，使培养的人才具备高尚的思想品质和道德情操；三是重视武术与骨伤科医学全方位的传承与发展，使武术人才的培养更注重整体观，真正使武术与民族传统体育专业学生成为武德高尚、文武兼备、武医结合的复合型人才。

参考文献

[1] 邢照利. 郑怀贤武术教育思想的口述史研究[D]. 成都体育学院硕士研

究生学位论文，2013.

[2] 万会珍. 孙禄堂武学思想研究[D]. 河南大学，2007.

[3] 冉德洲. 初探郑怀贤教授对伤科中药的贡献[J]. 成都体育学院学报，1994，(20)：6-9.

[4] 王瑞华. 忆郑怀贤老师的医德、医风[J]. 成都体育学院学报，1994，20(1)：48-51.

[5] 张先发. 叶守贞. 郑怀贤教授学术体系形成的初步探讨[J]. 成都体育学院学报，1994，20(1).

[6] 牟希瑾. 郑怀贤老师医德、医风拾零[J]. 成都体育学院学报，1994，20(1)：52-53.

[7] 扈克文. 郑怀贤学术思想在市场经济中的价值[J]. 成都体育学院学报，1994，20(1)：45-47.

[8] 邓永明，姜玉泽等. 当今社会对人才的需求与民族传统体育专业的发展方向[J]. 山东体育学院学报，2009，25(1).

[9] 姜玉泽，高丽. 论民族传统体育教育与创新人才的培养. 搏击武术科学，2005，2(4).

郑怀贤武术教育思想的口述史研究

吕容戎　邹　蓉

【摘　要】历史是一种客观的存在，已经从我们的生活中逝去，在未来的生活中需要对历史进行缅怀，追踪历史的痕迹。在此过程中，口述是一种突出的方式，也是远古人类在人类经验上的传承，更是一种历史的学习方式，有着极其重要的现实意义，一些思想和文献都是通过口头叙述的形式传承下来的。武术的发展有自己的历史，也早于其他体育项目，是中华民族长期发展积淀下来的产物，更是我国的国粹，因此本文主要对郑怀贤武术思想进行分析和研究，探讨郑怀贤武术教育思想的口述史，希望对我国古典文化的发展有一定的促进作用。

【关键词】郑怀贤；武术；教育思想；口述史；研究

【前　言】郑怀贤武术教育思想的口述研究能够非常生动地反映出郑怀贤学习武术的经历，并且也能非常真实地体现出武术的主要魅力，激发出武术学习和爱好者的热情，这种教育思想并不是单纯的个人思想，而是中华武术的精华，是我国武术运动发展的缩影，使用口述的方式对后人进行教育和影响能够对武术的实践发展产生非常重要的意义，因此下文就对郑怀贤武术教育思想的口述进行分析和研究。

1　关于郑怀贤武术教育思想的分析和研究

郑怀贤的武术思想和自己的高尚武术修养是不可分离的，因此在武术思想的研究过程中需要对郑怀贤的品德进行叙述。在郑怀贤的武术生涯中，教育学生就像教育自己的子女一样，不但有武术学习上的指导，还有生活中的关心和关爱，给人一种不是亲人，胜似亲人的感受。除了武术学习以外，郑怀贤还有较为高尚的医德，具有高尚的胸襟和气度，很多习武以及生活中的例子，对后人都能够产生较为重要的影响，并且对于继承人来说，这也是一笔财富。对郑怀贤武术教育思想口述史的研究能够对我们现代人的发展树立起一定的标杆，为社会主义事业的发展奠定良好的基础。中华民族的伟大思想需要传承，也需要让后人清楚地了解到武术思想的精髓所在，因此在郑怀贤老先生的教诲当中，要能够体现出和为贵的思想精髓。在这个层面上练就武术才能有更好的发展，让武术厚德载物的精神传承下来，让武术自强不息的精神对后人产生影响，这种文化和精神的教育对后人来讲更是一笔财富。

从上述的分析中能够看到郑怀贤的武术思想研究是对非物质文化遗产的研究和了解，国家对这样的武术思想认识有了提升，在这项工作中，首先要明确的就是学习的目标，对郑怀贤武术教育思想的渊源以及流程和风格特点等等进行分析，努力找出对现代武术产生积极作用的武术套路和武术教育教学方式，注重武术的实践性学习。郑怀贤教育思想在理论上深化以及实践上的需要等都是我国对非物质文化遗产保护的表现[1]。

2 郑怀贤武术教育思想的口述研究

2.1 郑怀贤武术教育思想口述的历史起源

口述史从远古时代的传说开始，是考古研究的一种途径。在历史典籍出现以前，很多历史学家就开始使用访谈的方式收集关于武术思想的历史材料，在我国的汉代，史学家都使用访谈以及口述的方式搜集资料编辑成古书，例如，在《史记》中就使用了非常多的口述材料，这种方式一直沿袭到近代、现代。口述的定义其实是一种仁者见仁，智者见智的方式，在历史学界，对口述史有很多不同的解释，也存在一定的偏差，不同的研究者对口述的理解也有不同的标准，因此从广义上讲，口述就是用传统的叙述方式，从上古时期开始，一直到文字的出现，很多文化都是利用口头叙述的方式传承下来的。狭义的口述主要是在 20 世纪 40、50 年代产生，称为现代口述史，这是口述发展的一个新阶段，后续成为现代口述学。无论是在现代还是在传统方式上，武术的教学教育思想的产生都是从文字还没有形成之前就开始的，是一种言传身教的方式，从这里能够清楚地看到，口述对中国武术的发展来讲具有非同凡响的意义[2]。

2.2 武术口述的历史价值研究

口述史是伴随着历史的不断发展进步而来的，在历史内容和形式的研究过程中，口述给武术的发展带来了新的生机，也是学习的最佳途径之一。在历史学的发展过程中，历史材料都是历史方式的集中，其中就有口述的价值。现代口述研究方式的使用也体现出了口述史的研究价值，武术的传承从明代就已经开始，并且对口述史的研究也有一定的必要性，让武术传承更具有说服力。口述材料的使用主要是为了弥补一些文字上的空白，能够让后人更有兴趣去倾听历史，尤其是一些武术重大历史事件以及武术的民俗，在文字中是没有真实记载的。郑怀贤的武术思想口述能够让武术的研究过程更加鲜明，更加生动，重点地体现出现实性的特征，口述方式还能对武术学习资料进行补充和拓展，让后续学习者的学习更加便捷。武术的学习本身就讲究的是身心的同时体验，练习者要有一定的个人感悟以及独特性的经历，个体性叙述能够极大的满足这个问题，以免一些科学史料的研究对个体体验产生遗忘[3]。

从郑怀贤武术思想的口述发展来讲这是一个互动性的过程，受访人员和采访人员在交流的过程中能够显现出更为主动的特点，对武术的认识和体悟也需要采访对象更多的讲述，这对武术的新发展也是一种尝试，更是关乎武术练习者的切身体验和感受的表达[4]。

3 郑怀贤武术教育口述形成的历史原因分析和内涵的分析

3.1 郑怀贤武术教育思想的形成原因

郑怀贤是我国著名的武术家，教育家以及骨伤研究专家，是中国武术运动研究的奠基人，一直从事着武术教学和科研管理的工作，他将武术和医学很好地结合在一起，并且让武术也逐步走向了正规化，在武术事业上奉献了自己的毕生精力，其教育思想的形成也经历了较为复杂的过程，在此过程中发生的每一个事件都能够作为对后人进行教育的样板和样例。例如，在郑怀贤的少年时期，拜师学艺的过程就能够对后人的学习产生一定的影响[5]。

3.2 郑怀贤武术教育思想的内涵

郑怀贤武术思想具有一定的内涵，对人的认知起到一种启发的作用，并且这也是一个抽象的思维过程，针对郑怀贤武术的教育思想，主要是在教学中对武术的思考以及对武术本源的体悟。中国武术受到中国传统文化的积极影响，因此在郑怀贤的口述中有对中国武术的独特性见解，还有对武术的传承等等，这些都是郑怀贤武术思想的内涵。在现代武术教育过程中，郑怀贤的武术思想深刻的体现了现代社会对武术思想的要求，以一种求真务实、求学求艺的方式和思想指明了武术的发展方向，这也成为中国武术发展过程中的核心观念，为武术事业的发展奠定了坚实的基础[6]。

4 郑怀贤武术教育思想口述史对现代武术教育的影响

4.1 对我国武术的武德育人思想进行了强化

武术教育不仅仅是传授给学生武术知识和武术能力，更加重要的一点是学生对武术文化的学习和对武术思想的领会，在此过程中提倡武德教育，要不断地对学生学习武术的心态和学习的动机进行纠正，不能简单的只是看到武术的技击技术，在学习武术以前，品德的学习是基础，从武术教育过程中去培养习武者的人品和礼节，让武者能够对师傅、朋友以及其他人保持一种谦和的态度，以此体现出武术的教育功能。在现代武术中更多的是注重武术技术的教育，忽视了武术德行方面的培养，因此通过郑怀贤的口述能够让后人的武术精神得到拓展，学习武术的内在美，例如，从抱拳礼中就能够看到武者谦虚谨慎的意志，还有习武人员崇尚正义的品格等等，很多现代习武人员并不知道如何理解抱拳，其内涵更是无从得知[7]。

4.2 对传统体育文化进行保护和继承

在传统文化的保护过程中，武术是一项不可或缺的内容，通过对郑怀贤武术教育思想的研究，对口述史的了解，能够看到郑怀贤老先生传授的不仅仅是武术技术，还对学生如何做人，如何延续和传承传统文化进行了概述。中华具有五千年的文明历史，自古就是礼仪之邦，在武术中也讲求仁义礼智信，通过郑怀贤的口述能够让习武者具备高尚的道德情操，继承我国的礼仪之美，也能更加充分地体现出武术的内涵、价值功能等等。从我国当前的教育形式上看，武术教育也是教育改革的一部分内容，要顺应时代的发展以及素质教育的需要，树立终身教育的理念和以人为本的教育理念，武者要有一定的人文素养，武术教育老师也需要不断地提升个人的水平，不断地提升教育理念，改变以往的教育教学模式，提升教育的质量[8]。

5　结束语

综上所述，本文对郑怀贤武术教育思想的口述史进行了探究和分析。并且郑怀贤的武术教育思想对我国的武术教育也能够起到一定的积极作用。郑怀贤武术口述思想体系主要体现了郑怀贤严谨的治国策略还有诲人不倦的学习风范以及创新的教育教学理念。郑怀贤武术中更加注重对学生思想道德品质的培养，注重在传授武术技巧的过程中强化学生的思想品德教育，传播武术的育人功能。口述也是一种历史材料的研究，更是历史的传承，对后人的学习和成长能够起到较为积极的作用，希望本文的叙述能够让中国武术继续发扬光大，继承郑怀贤老先生的先进育人思想，让武术弘扬中外，续写中华武术新的学习篇章。

参考文献

[1] 高会军，苏华东，蒋震彪. 桂东南州珮武术口述史研究[J]. 成都体育学院学报，2014，40（7）：1-7.

[2] 毛佳. 口述史与中国武术[J]. 搏击·武术科学，2015，17（11）：10-11，19.

[3] 魏烨. 口述史：孙庄武术的兴起与衰落[J]. 体育文化导刊，2015，22（2）：169-172.

[4] 邱丕相，郭玉成. 丹心精论 高岸深谷——漫谈武术泰斗蔡龙云先生对中国武术的贡献[J]. 上海体育学院学报，2016，40（1）：1-3，20.

[5] 晏骏，祝伟明. 截拳道套路创编研究[J]. 搏击·武术科学，2014，11（12）：40-41.

[6] 何宝庆，李建文. 武侠电影中武术文化的空间生产[J]. 搏击·武术科学，2015，12（2）：46-48，60.

[7] 韩海华（口述），董雄，陈天传. 武术已成为我生命的全部[J]. 浙江档案，2014，14（5）：40-41.

[8] 徐泉森. 抗战时期武术活动的研究述评与展望[J]. 军事体育学报，2015，34（3）：81-83，108.

郑怀贤武术教育思想的武德教育研究

潘文斌　谢　宾

【摘　要】自古以来，中华民族就是礼仪之邦，作为中华民族符号之一的武术在其发展过程中也尤其注重武德的发展。郑怀贤先生是中国近现代历史上德高望重的武术家、中医骨伤科专家。他用一生的精力，为中国武术的普及推广以及武医结合的临床实践做出了卓越的贡献，并为武术史积累了宝贵的财富。

本文通过运用文献资料法、访谈法等研究方法，对郑怀贤先生的武术教育思想的武德教育进行了研究，认为郑怀贤武术教育思想理论的武德教育表现为以下三方面：（1）提高人文素养、严谨治学态度、传承创新教学理念，体现了武术文化内涵及武术的教育价值和功能以传承中华优秀的传统文化为目的。（2）培养意志品质，提高习武者个人的道德修养，通过传授技术加强道德教育。（3）严格自身发展，一生奉献教育，关爱学生，言传身教，诠释爱的教育。

【关键词】郑怀贤；武术；教育思想；武德教育

【前　言】中国自古以来就是礼仪之邦，《左传》记载有"皇天无亲，惟德是辅"，德字是我国文化当中最为重视的道德之意，从古至今，儒、道、佛三家都把仁义道德放在首位，论语里仁篇记载"君子怀德，小人怀土"，古人非常重视道德的修养。武术作为防身御敌之术，对武德要求更为严格，从武术教育功能来讲，武德是武术习练者的一种道德规范和准则，以此来约束习武者的行为，来增强民众对武术习练者的敬仰，才能更好地发展武术事业。

近代由于武术的发展形式的多样化，使得武术趋向西方体育发展的模式，把武术列入体育范畴，再加上受西方强势的体育文化冲击，国人呼吁武术进奥运会的影响，武术的发展形势向着竞技武术的方向发展，忽视了我国传统武术优良的武德教育，在武术教育过程中只重视技术，而忽视了习武者的武德教育。

实践证明对习武者武德修养严格要求是非常有必要的，可以使武术的教育功能更加具有说服力，使武术呈现出东方文明的特有气质，还可使武术练习者富有饱满的激情和内涵，从而体现武术在追求观赏价值的同时又追求高尚的精神气质的特点。

郑怀贤先生是中国近现代历史上德高望重的武术家、中医骨伤科专家。他用一生的时光，为中国武术的普及推广以及武医结合的临床实践做出了卓越的贡献，成为武术史中宝贵的财富。

1 郑怀贤武术教育思想的武德教育表现

1.1 提高素养，传承创新

提高人文素养、严谨治学态度、传承创新教学理念，体现了武术文化内涵及武术的教育价值和功能，以传承中华优秀的传统文化为目的。

郑怀贤作为一名"在教育实践和教育理论上有重要贡献，对中国现代教育的建立、发展起过重要作用的教育工作者"[2]，提高自己的教育素养至关重要，关于教师素养方面的思想和实践，要做到讲师爱，例如郭洪海的口述："那时候我去他家，很随便，他对我就像对待自己的亲生孩子一样。"郑怀贤对待学生和对待自己的孩子一样，全方位地关心学生，例如习云太口述道："原来学生都光脚，穿草鞋的都有钱了，郑怀贤看病完了以后，他（郑怀贤）说你怎么不穿鞋，他说没钱买，郑怀贤马上掏钱给他买鞋子，像这样的事情还有很多。"郑怀贤高尚的教育思想和廖世承的教育思想不谋而合，作为教师"知道教师的使命，不在教书，在教育整个的青年；不在追求物质的报酬，在得到精神上的快乐"。郑怀贤在常带领学生训练时，根据习云太的口述得知，"经常练完了带我们到外头去吃一顿"。郑怀贤对学生和蔼可亲，对自己非常严格，习武之人要求"未曾习武先习德"就是要求习武者严格要求自己做到身体力行，郑怀贤一生习武，深得武德的精髓。朱梅玲口述道："我爸爸都叫郑怀贤大哥，他身体力行很有风范，长辈师长的风范。"故郑怀贤在社会上享有很高的威望,大家都佩服,没有身价、不摆官威、一视同仁,对待病人犹如亲人。同样来自朱梅玲口述:"常有从外地来看病的,我们正在吃饭,然后就留下一起吃饭,这个常有。还有以前在光华街、槐树街,病人来看病完了之后,他出不去,郑怀贤就把他背到黄包车上。甚至有时把病人送到门外,所以他人缘很好,威信很高。"

在采访郭洪海老师时,他眼睛有些湿润,从他忧伤的眼神感觉到郭老师不愿回想以前的往事。郭洪海口述道:"当时飞叉是传授给吴大才的,还传授了邹德发的爱人,郑老师教学生是因材施教,你适合练习哪个套路,他教你哪个,当时校党委也提出把老前辈的东西——的继承下来,所谓的老前辈也就是郑老师,王老师,肖应鹏,兰素珍,当时的老前辈,就是这四位老师,我们继承了以后,还有所发展,当时都是以郑老为主,在他的教育思想的指导下,当时在武术界都认为我是郑老的得意门生。"

看到两张旧时照片的邹德发也同样是轻描淡写地一笔将自己的感受带过,"提起飞叉我们就想起以前的往事",从邹德发湿润的眼睛里,我们可以体会到郑怀贤老师坎坷的人生,不自觉地想起《孟子》记载的"故天将降大任于斯人也,必先苦其心志,劳其筋骨,饿其体肤,空乏其身,行拂乱其所为,所以动心忍性,增益其所不能"邹德发眼神的转变又把我们拉回了现实:"实际上郑老师除了飞叉出名以外呢,其他的技术也很多,对擒拿、空手枪、那些都是比较绝的,最绝的是飞叉,然后对练对打,原来吴大才拿着呢,他是学飞叉的,跟着郑老师,我们都是同学,郑老师的飞叉上面刻了四个字。"

郑怀贤因为"文革"的冲击受尽折磨,但是郑怀贤一直坚持自己的思想,不但没有追究责任,还遵循了"善良为本,宽容为怀"的原则做到以理服人,时刻保持一颗虚怀若谷之心,不计前嫌。郑怀贤说过'过去的事就让他过去吧!一切都应向前看'。"(朱梅玲口述)。

1.2 磨砺品质,德育先行

培养意志品质,提高习武者个人的道德修养,通过传授技术加强道德教育。意志是自觉确定目的,并根据目的支配调节自己的行动,克服各种困难,以实现预定目的的心理过程,通过语言和行动表现出来。[4]

俗语说:"无志之人常立志,有志之人立长志。"要想成功必须要有坚强的意志和毅力,居里夫人曾说过:"人要有毅力,否则将一事无成"培养坚强的意志需要经历长期的磨炼,在学习实践中慢慢得到培养。文章对于郑怀贤坚强意志品质的培养从以下两方面进行了分析:① 从思想教育做起,加强思想教育,正确对待个人需求,树立服务社会的高尚品质。郑怀贤的思想就是服务社会,为人民为国家奉献,郑怀贤是武医名家,他的一生中不知治愈了多少病人,并几十年如一日每天坚持,没有周末和节假日,不分时间,只要有病人他从不推脱,甚至有病人跑到家里,这是常有的事:反正星期六星期天回到光华街也不闲着,人家找他看病(朱梅玲口述)。郑怀贤的坚强意志品质是建立在服务国家服务人民的基础上的,他这种高尚的行为及刻苦的学习精神,是我们学习的榜样。② 郑怀贤每天坚持参加社会实践以此锻炼自己的意志,且每天早晨坚持带操,每天早晨一直在少城公园即现在的人民公园带太极拳(朱梅玲口述)。坚强的意志培养离不开与困难作斗争的实际磨练,郑怀贤时刻坚信我能行,"我能行,我一定能战胜困难"是他坚强意志的一种表现。由于郑怀贤遭受不平等待遇之后,行动有所不便,就是在这种情况下郑怀贤还一直坚持:他因为后来瘫痪冬天不大出去,但是他要在栏杆上面抬抬腿啊什么的,他准时6点起床,起得很早(朱梅玲口述)。

1.3 爱的教育,奉献终生

严格自身发展,将一生奉献给教育,关爱学生,言传身教,诠释何为爱的教育。

郑怀贤的意志品质体现在教育事业当中,他对自己要求非常严格,做到以身示教,在他行动不便的时候,他还想着学生,想着教育。关心下一代的成长,为每个学生寻找发展方向,根据学生意志表现的个体差异因材施教,"请来就教八卦刀,同时他把四川余家的俞少华请来,教余家拳,我是学的余家拳,习云太学的八卦刀"(邹德发口述)。平时郑怀贤既要组织学生训练,还要组建医院培养医学系学生,在这种情况下,"在训练时间,他推个车来给我们讲,那时候他就行动不便了,所以郑老师上课就是见缝插针,见到我们就来讲"(叶道清口述)。郑怀贤先生七十岁高龄还坚持每天看书、读报，"他每天看报，看报好多字不认识，云太这个念什么，那个念什么，学习非常认真，"做到不耻下问是郑怀贤多年来的做人原则，时刻保持与时俱进的学习心态，这种不耻下问的学习精神是我们学习榜样。

2 结语

怀贤武术教育思想理论的武德教育表现为以下三方面：① 提高人文素养、严谨治学态度、传承创新教学理念，体现了武术文化内涵及武术的教育价值和功能，以传承中华优秀的传统文化为目的。② 培养意志品质，提高习武者个人的道德修养，通过传授技术加强道德教育。③ 严格自身发展，一生奉献教育，关爱学生，言传身教，诠释爱的教育。

此外，郑怀贤的学术思想教育开拓了武术的发展空间，给了我们探索武术事业发展的新思路，为武术事业发展打开了新的历程，引领着武术事业的发展方向，是武术事业发展的一个里程碑，他避免武术单靠技术发展，创新了武术发展的思维。

参考文献

[1] 杨伯峻. 春秋左传注[M]. 北京：中华书局，2000.

[2] 周谷城. 中国现代教育家传（第八卷）[M]. 长沙：湖南教育出版社，1988.

[3] 刘琼，刘长红. 学生坚定意志的培养[J]. 教育科研论坛. 2009（5）：49.

[4] 邢照利. 郑怀贤武术教育思想的口述史研究[D]. 成都体育学院，2013.

郑怀贤武术教育思想初探

涂 平

【摘 要】本文通过对武术思想这一概念的研究、郑怀贤武术相关的研究以及对郑怀贤武术教育思想的研究，突出郑怀贤武术教育思想的真实性与重要性，避免武术文化的消失，促进我们挖掘郑怀贤武术教育思想的精髓，将郑怀贤武术教育思想运用于武术的现实教育生活中，为武术文化的延续做更充分的准备。

【关键字】郑怀贤；武术；教育

【前 言】武术作为我国"国粹"深受广大人民群众的喜爱，从武术的功能特点分析，武术具有教育、健身、娱乐等功能，是我国特有的民族运动形式，不仅仅代表了民族特色运动，也是传统中国文化的代表[1]。因此普及武术教育，有助于促进人文素养、强化民族个性、增强民族凝聚力。武术思想与我国近现代社会政治、经济和文化的发展轨迹相对应，武术思想的演变是中国社会形态变化的真实反映[2]。通过研究郑怀贤武术教育思想，我们不难得出，在武术教育过程中，不仅仅要传授技术，更为重要的是要教育学生如何做人，如何传承中国文化。

1 武术思想研究

1.1 武术思想的定义

武术界的学术研究领域里关于"武术思想"研究的文章不少，如尹洪兰的《中国近代武术教育思想的形成》[3]、河南大学硕士研究生万会珍的毕业论文《孙禄堂武学思想研究》、钟海明的《李小龙武学思想与传统武术观之博弈》、方方的《论武术教育思想及其变革》[4]、张路平的《蔡龙云武学思想》[5]等等。"思想"的概念是指一系列的信息输入人的大脑后，形成的一种可以用来指导人的行为的思维方式。"另一种解释是"客观存在、反应在人的意识中经过思维活动而产生的结果或者观念。"因为本文研究的是"武术思想",那么也就是客观存在于人的意识中经过思维活动而产生的思维观念,故而武术思想是指在众多武术习练者的大脑中的思维定势,也就是武术研究中所形成的观点、观念的思想体系[6]。这种思想体系被称为武术思想。

1.2 武术思想的现状

十一届三中全会后,整个社会环境生机盎然,解放思想的潮流充斥着各个行业,武术领域也显现出欣欣向荣的局面[7]。从那时开始,武术的发展一直坚持创新的指导思想。武术套路的运动模式、练功方案、流派的多样性,以及其独特的健身、修身机理是中国武术有别于世界上其他任何国家武技的魅力之处,这也是武术国际化发展的缘由之一[8]。武术国际化的思想还包括竞技武术国际化思想和武术文化全球化思想,竞技武术国际化的最高目标是"武术申奥",武术文化"全球化"[9]。在后奥运时期,我国又提出了人文武术的思想和武术标准化的思想[10]。

2 郑怀贤的武术相关研究

2.1 郑怀贤的习武历程

郑怀贤,1879 年生,河北安新人。中国著名武术家、中医骨伤科专家、教授。1907 年被当地"飞叉大王"李洱庆收为弟子,学飞叉,兼学得一手接骨、捏腰的好本领。历时七八载,便已成为有名的"新飞叉大王"。后师从魏昌义、魏金山,学艺 6 年,习得戳脚翻子、鹰爪翻子等技艺。后又师从当时中国最负盛名的武术家孙禄堂,习得太极、形意、八卦、擒拿、飞叉方面的武艺和一些罕见的治疗骨伤药方的配制方法,使其医术医理得到系统完善[11]。1936 年,郑怀贤代表中国参加在柏林举行的第十一届奥运会,其绝技令希特勒目瞪口呆,从此威名远播[12]。回国后,应邀担任国民党中央军校国术教练。1938 年,随中央军校迁往重庆,定居四川。

中华人民共和国成立后,郑怀贤担任了成都体育学院教授。先后为诸多国家领导人治疗伤痛,无不奏效。并创办了中国第一家体育医院——成都体育学院附属医院，开创了中国体育医院之先河[13]。1960年，郑怀贤又创办了运动保健系（1978年更名为运动医学系）和运动医学研究室，亲自讲授正骨、按摩和伤科用药的经验，全身心地投入到伤科诊疗、中药、按摩的研究、教学和临床工作中。

旷文楠的《武林大家郑怀贤》简单地概括了郑怀贤的身世，他总共分三部分，第一部分叙述郑怀贤的整个拜师习武的求学历程；第二部分叙述郑怀贤为国争光，扬我国威的故事；第三部分叙述郑怀贤精益求精、甘为孺子牛的人生态度，充分体现了郑怀贤的思想境界[14]。

2.2 郑怀贤的武医结合

郑怀贤以高尚的武德修养，对武学医疗功能的开拓与发展、对武术训练体系的熔铸与探索作出了巨大贡献，他的修养与成果确立了他二十世纪中国最杰出的武术家之一的地位，被后人尊称为"武医宗师"[15]。郑怀贤对中医骨伤的医疗的造诣很深，人称"骨伤圣手"，疗效如神。他归纳出郑氏正骨12法、郑氏伤科按摩13法、经穴按摩8手法、郑氏伤科经验穴位55个，在拓展传统武术的医疗功能方面做出了极为重要的贡献。并先后出版了大量医学著作，如1959出版的《按摩学讲义》、1960年出版《正骨学》、1962和1975年出版《伤科诊录》上下册、1968出版了《正骨成药与方剂》、1979年出版《骨科常见疾病》，他的著作中有两部被列入《中国骨科技术史》。

张先发和叶守贞的《郑怀贤教授学术体系形成的初步探讨》（成都体育学院学报，1994年增刊，第1期）和扈克文的《郑怀贤学术思想在市场经济中的价值》（成都体育学院学报，1994年增刊，第1期）均提到了郑怀贤在武医结合方面的造诣，以及其对后人的深远影响[16]。

3 郑怀贤武术教育思想研究

3.1 郑怀贤武术教育思想形成原因

郑怀贤是中国著名武术家、教育家、骨伤科专家、成都体育学院教授，原国家武术协会第三届主席，是新中国武术运动的开拓者和奠基人之一[17]。郑怀贤一直从事武术教学、科研与管理，并结合自身特长创办运动医学系，是武医结合走向高校、走向正规化的"第一人"，他曾担任成都体育学院武术教研室主任、体育学院附属医院院长。为武术教育事业呕心沥血,把自己的毕生精力献给了我国的教育事业,为成都体育学院增添了两朵金花。郑怀贤武术教育思想的形成,经历了一个长期的、复杂的历史过程。在这个过程中的每一件事情,都有可能影响郑怀贤武术教育思想的形成,如郑怀贤少年时期的拜师学艺,尤其是拜在孙禄堂的门下,后来郑怀贤和周恩来总理的武医情缘,以及受董必武等诸多国家领导人的启示,逐渐促进了郑怀贤武术教育思想的萌芽。

3.2 郑怀贤武术教育思想

郑怀贤武术教育思想是指郑怀贤在对我国武术的习练、教学、传承、研究和发展的过程中,所形成的看法和观点,这种看法和观点在客观上已形成了一套完整的思想体系,在这套思想体系的作用下,可以将其用来指导人的行为意识,所以这个体系被称为郑怀贤武术教育思想[18]。郑怀贤武术教育思想是指郑怀贤提出武术的实用价值以及郑怀贤的武术教学方法和理念,郑怀贤从事武术教育事业几十年来,运用独特的教学方法。并在此基础上形成了具有一定特色的武术教育方法和武术教育理念。

王瑞华的《忆郑怀贤老师的医德、医风》叙述了郑怀贤的高尚修养,这与郑怀贤的武术教育思想是分不开的。作者用了六部分深入地剖析了郑怀贤的高尚品德,第一部分叙述郑怀贤把学生当成自己的孩子一样,关心他们,所以说作者用到"不是亲人,胜似亲人";第二、三、四、六部分是举例郑怀贤的高尚医德,这与郑怀贤高尚武德有必然的联系;第五部分是举例叙述郑怀贤的虚怀若谷的胸怀[19]。郭洪海在"郑怀贤武学思想研讨会暨武术非物质文化遗产学术交流会"(2010)上说:我们要传承武术思想把握郑怀贤的武学思想精髓,就应该'在武术习练中传承、在传承中发展',这是我多年来从郑老先生的教诲中体悟出来的。从这些事例中,我们不难发现郑怀贤高尚的个人修为是我们后人所必须要继承的一笔财富。以郑怀贤武术教育思想作为我们做人的标杆,为现在社会主义社会发展做出更大的贡献。

4 讨论

郑怀贤将他的一生都献给了教育事业,从事武术教学几十载,对武术的认识和见解是他教育思想形成的基础，郑怀贤在武术教学中深入地思考了武术的本源及对武术的体悟。并且受中国传统文化思想的影响，使他对武术的传承与发展有了独到的见解，这是构建郑怀贤武术教育思想的两大途径，尤其是拜在孙禄堂的门下对郑怀贤武术教育思想体系的形成至关重要。郑怀贤武术教育思想在现代社会当中，深刻地体现了现代社会人的审美价值取向。他以"求学、求真、求实、求艺"的思想核心对武术的发展指明了方向，使中国武术的发展有了一条核心价值观念，为武术事业的发展奠定了思想基础。

而今随着国家对武术教育思想的发展的重视程度不断增加，我们应当围绕郑怀贤武术教育思想的起源、过程、风格特点等做好理论基础建设。努力挖掘郑怀贤传承下来的武术套路和教学方法，并且注重实践。把郑怀贤武术教育思想的精髓灌入到习练之中，通过不断地练习来体悟武术文化的魅力，只有把理论与实践相结合，才能在对非物质文化遗产的保护下，挖掘郑怀贤武术教育思想的精髓，才能深度地将郑怀贤武术教育思想运用于现实的教育生活中。

参考文献

[1] 邢照利. 郑怀贤武术教育思想的口述史研究[J]. 成都体育学院学报，2013，51-55.

[2] 刘祖辉. 中国近现代武术思想演变的阶段特征研究—价值取向的视角[D]. 福建师范大学，2008：19-84.

[3] 尹洪兰. 中国近代武术教育思想的形成[J]. 前延，2012.

[4] 方方的. 论武术教育思想及其变革[J]. 吉林体育学院学报，2009.

[5] 张路平. 蔡龙云武学思想[J]. 上海体育学院，2011.

[6] 万会珍. 孙禄堂武学思想研究[D]. 开封，河南大学. 2007.

[7] 周伟良. 中国武术史[M]. 北京：高等教育出版社，2003.

[8] 温力. 中国武术概论[M]. 北京：人民体育出版社，2005.

[9] 李永明. 近代以来武术思想的演变历程体育文化导刊[J]. 2012，2.

[10] 杨祥全. 中国武术思想史纲要[M]. 台湾：逸文武术文化出版社，2010.

[11] 柏昱. 绝技写春秋——著名武术家郑怀贤先生传略[J]. 体育文化导

刊．1993，（5）：39-43．

[12] 温佐惠．飞叉[M]．北京：人民体育出版社．2012．

[13] 牟希瑾．郑怀贤老师医德—医风拾零[J]．成都体育学院学报，1994．

[14] 旷文楠．武林大家郑怀贤[J]．中华武术，1995，7．

[15] 张耀红．郑怀贤-武医结合-伤科学术思想的整理与思考[J]．成都体育学院学报，2016．

[16] 扈克文．郑怀贤学术思想在市场经济中的价值[J]．成都体育学院学报，1994，1．

[17] 汪静．运动医学专家郑怀贤的成就与贡献[J]．兰台世界，2014．

[18] 邢照利．郑怀贤武术教育思想的口述史研究[J]．成都体育学院学报，2013，21-25．

[19] 王瑞华．忆郑怀贤老师的医德、医风[J]．成都体育学院学报，1994，1．

和谐社会视域下郑怀贤"武医结合"思想的发展探究

汪利蓉　王洪珅

【摘　要】文章运用文献资料法和历史研究法，围绕构建社会主义和谐社会的时代主题，探索了郑怀贤老先生武医结合思想在促进人的和谐发展方面的积极作用。更从和谐社会的视域出发，通过对郑怀贤武医结合的产生、发展和相关理论等进行纵向梳理，综合分析郑怀贤武医结合思想中的和谐功能，并联系当前武医结合思想所产生的运动医学发展的现状，探究其思想在当代构建和谐社会背景下的发展。

【关键字】和谐社会；郑怀贤；武医结合

【前　言】郑怀贤"武医结合"思想博采百家之长，兼收并蓄，独树一帜，在武术与医学的结合下形成了运动医学。武医结合、体医渗透能更好地提高身体素质、开展康复指导，在全民健身、运动创伤防治中具有积极的指导作用。在构建社会主义和谐社会的大背景下，郑怀贤武医结合思想是我国传统体育文化发展中的奇葩，其产生的运动医学作为当代体育科技的主导学科之一，在我国体育运动的迅速发展中所起到了巨大的作用，促进了社会的发展和进步。本文通过对郑怀贤武医结合的背景，产生和相关理论等进行纵向梳理，综合分析郑怀贤武医结合思想的相互关系，并联系当前运动医学发展的现状，探索其思想在当代构建和谐社会下的发展。

1　郑怀贤"武医结合"思想和和谐社会的基本内涵

1.1　关于郑怀贤"武医结合"思想

郑怀贤老先生一生经历晚清、民国、中华人民共和国三个历史时期，见证了武术事业的发展，拥有精湛的武艺和医术，被尊称为"武医宗师"，是我国著名的中医骨伤科专家、武术家、教授。自古以来，习武之人，大多精通医术。在近代历史中的人物纪事或历代著作中，清楚地记载着武术与中医骨伤科学的结合和互参共荣。郑怀贤老先生就是其中的代表人物之一，他在武医领域不仅很好地继承和发扬了前辈们的优良传统，而且取百家之长，合理运用，化为己出，奠定了郑氏伤科药方的体系、正骨的手法、伤科的按摩、经穴的按摩以及练功法的基础。中华传统武术与中医骨伤科学本就同根同理，有着共同的哲学方法论基础，不但武和医技术相通，健身养生的理念也几乎相同，而且连骨关节肌肉系统伤病防治的方法也大体一致。

"武医结合"思想重在"武术"和"医术"的巧妙融合，简单来说就是由武术和医术相结合、相互促进，完美融合而成的一门武医思想，即现在的运动医学。郑怀贤老先生的武学思想精髓是"功法、套路、技击"。其中功法的习练要点是"刚、柔、虚、实、巧、拙"，外家拳常讲求气与劲、内家拳则更加看重内力。现在的中医推拿、按摩手法也要求"有力、柔和、持久、深透"。这样看来，两者的实质都是力量的使用技巧，二者具有相通之处。

郑怀贤老先生对武学有着独特的见解和练习方法，又精通医术，两者融会贯通产生了"武医结合"的思想，即现在的运动医学。同根同理的武术和医术，在共同的哲学方法论基础的指导下，有着"刚柔相济、阴阳调和"的共同行为准则。功与力的共通对武术习练者在学习中医骨伤科的手法及运用来说，具有重要的指导作用。伤科疾病的辨证论治，也更加注重从身体运动的规律去分析伤病的产生、传播和劣变机制。郑怀贤老先生大胆且巧妙地把武术和医术结合在一起的历史措举，具有重要且深远的现实意义和作用。那么，在当代和谐社会建设下，其思想的发展也就成为了21世纪的关注点。

1.2 关于和谐社会

社会主义和谐社会，是人们孜孜以求的一种美好社会，建立社会主义和谐社会是我们党一直不懈奋斗的目标。党在十六届三中全会时，根据我国当局改革发展的形势和任务，首次系统而全面地提出了建设和谐社会的前提——以人为本的科学发展观，发展才是硬道理，发展是解决一切问题的关键，只有坚持在"五个统筹"基础上的和谐发展，才可能有社会的和谐，这为社会主义和谐社会论断的提出奠定了基础。党的十六届四中全会，从加强党的执政能力建设的角度，明确提出"不断提高构建社会主义和谐社会的能力，形成全体人民各尽其能、各得其所而又和谐相处的社会"[1]。这一科学理论的提出，既巩固了我党执政的社会基础，也体现了实现党的执政历史任务的必然要求，更是我们党对中国特色社会主义事业认识的新发展。此会表明中国共产党更加的关注我们的社会建设和社会和谐、公平、正义；表明中国特色社会主义事业的总体布局，已由原来的经济、政治、文化的三位一体向经济、政治、文化、社会的四位一体扩展。

构建和谐社会为我们研究郑怀贤武医结合思想在当代的发展提供了新的视角和思路，从武医结合的产生、发展来看，武医思想与和谐社会的构建有着密不可分的联系。对文化发展的重视，使得本就以和谐为价值取向观念的郑怀贤武医结合思想脱颖而出。郑怀贤武医结合思想在满足促进人们身心健康，构建和谐社会，培养和塑造民族精神等多方面的社会需求时，所采用的方法是和谐的，衡量这些功能的价值尺度和所追求的终极目标都是和谐的，这就让我们探究郑怀贤武医结合思想在和谐社会视域下的和谐发展变得有着重大意义。

2 郑怀贤武医结合的"和谐"功能

2.1 郑怀贤"武医结合"思想中的和谐因素

中华传统武术所具有的独特魅力中包含了很多和谐因素，比如：武术习练过程中要求的"内外合一、形神兼修"，是培养我们身心和谐而又全面发展，达到人体身心和谐的最根本目的。在短暂的武术表演中往往很难看出其和谐特色，因为，武术往往通过习练者长年累月对自身身心进行修炼，在一定的时间或一定的量后，习练者达到心灵的顿悟，得以提升，以达到其身心的和谐发展，从而实现人的全面发展，具有鲜明的哲学特点和心灵内蕴。武术还重点强调人和万物的和谐相处，体现"物我合一、师法自然"的鲜明特点。武术文化以师法自然为主要法则，提出"师万物，法天地"，在大自然规律性的生化衍变中获得灵感和启迪，表现生命，表现自然，体现出对生命的尊重和崇尚，对大自然的热爱，在人类社会不断发展的进程中努力寻求人与自然界的万物共鸣、统一与和谐。

郑怀贤老先生集百家之长于一身，对武道的认识不断加深，同时对自身的磨砺和完善也日益精进，从而引导其更加自觉地投入到人生的完善中去。他对武术有着独到的见解，包括武技、武德、武医。老先生在武技的传授过程中，非常重视对其弟子和学生武德的教育和培养。俗话说，习武先习德，老先生在教学中通过精湛的武术技艺教学来加强对学生的道德教育，这种价值观念就是和谐的，促进了武学和社会的和谐发展。老先生不仅能练、能打，还能治病，武医是老先生的特色技艺。武医在武术和医术的相互影响作用下巧妙结合而成，让"武"和"医"共同促进了人类的健康和社会的进步，体现了对生命的尊重和崇尚，不仅这一融合本身就具有和谐的特色，其成果在推动社会的发展下更显和谐的功能。老先生在学习和教授武术的过程和后来的从医过程中，拥有尊敬师长、爱护学生、救助穷人、不看重利益，秉持谦卑、不收礼、公平参与竞赛等优良品德。这在当前构建社会主义和谐社会的热潮中，具有明显的教育意义和适用价值，促进了社会的和谐发展。

上个世纪50年代，郑怀贤先生在成都体育学院先后建立了附属体育医院（现为国家体委成都运动创伤研究所）和运动保健系（今运动医学系）。并担任了医院院长和系主任的职务，后辞去了武术系的工作。在他的带领下，成都体育学院逐步形成了一个集医疗、教学、科研为一体，以传统骨伤科为特色的运动医学基地。他还为国家体委举办了两期骨伤科训练班，亲自讲授了正骨，按摩和伤科用药的经验。他所遗留下的医学良方帮助了很多患者，更为现代伤科医药的研究和发展奠定了基础。他所培养的运动医学保健人才也已遍布祖国的四面八方，有的还远渡重洋，在异国他乡弘扬中华医术，造福于全人类。运动医学系的创办对国家的发展和影响，伤科医药造福于全人类、救死扶伤，医者父母心的精神，无不透射出和谐社会的影子，为构建和谐社会作出了贡献。

2.2 郑怀贤武医结合思想在构建和谐的需求背景中产生

郑怀贤老先生重视武医的技术与德才兼备，充分发挥武医之术来弘扬其"德"对"人"的社会需求。郑怀贤先生的"仁者无敌""中庸之道""以武会友""能者为师""天人合一""慈悲为怀"等传统民族儒道释文化思想，在其武医结合作用于社会，有利于社会的和谐发展。郑怀贤先生武医之仁义，提高了人与人之间的诚信交往和团结友爱，形成了促进社会发展、达成发展自然的共识，促进人与社会、人与自然的关系。郑怀贤武医的中庸之道，有利于人际和谐、社会和谐的发展。郑怀贤通过武医传承、创造，对社会和他人做出贡献，体现了武医自我价值的实现。

3 构建和谐社会下郑怀贤"武医结合"思想的具象表述

构建和谐社会需要丰富的文化生活和良好的人文环境，武医思想的科学发展是建设社会主义先进文化的一个重要组成部分，因此，从构建社会主义和谐社会的大环境出发，对郑怀贤武医结合思想的发展问题进行探讨，具有一定的理论和实践意义。

3.1 在"各尽其能、各得其所"中论武医结合思想的和谐发展

党在十六大报告中阐述构建和谐社会时重点强调"要努力形成全体人民各尽其能、各得其所而又和谐相处的局面""各尽其能、各得其所而又和谐相处的局面"，这对于我们理解郑怀贤武医结合思想在 21 世纪的发展问题具有重大的启发意义。武术和医术相互影响、巧妙结合，共同促进了社会主义和谐社会的构建以及社会的和谐发展。

目前我们国家主要是以竞技体育为主体，争取让在竞技体育主导下的"奥运战略"为我们国家谋取更多的整体利益。武术运动也正在积极向奥运会靠拢——申请作为奥运会项目，而作为当前体育科技方面主导学科之一的运动医学，其在中国体育运动的快速发展过程中所起到的巨大作用是不可忽视的。为达到从体育大国转变为体育强国的目标，我国体育各科研单位，就在奥运会以及亚运会和国际重大的比赛的筹备工作中，在体育科技方面投入了大量的精力和服务工作。随着社会体育的发展，传统武术中的很多内容都是全民健身活动开展中最受欢迎的锻炼方式，而武医结合的思想——运动医学的发展，也为全民健康和全民身体素质的提高提供了保障，在实现其目标的过程中发挥着重要作用。

从构建社会主义和谐社会的大局和郑怀贤武医结合思想的长远发展进

行考虑，在武术项目申奥形势暂不明朗的未来一段时间里，我们在重视发展竞技武术的同时，也必须努力加大发展运动医学科技的力度，争取早日形成竞技武术和医术在各自的领域发挥重大的作用，又相互影响巧妙结合成武医结合、两者和谐共处的局面，共同为构建社会主义和谐社会服务。

3.2 从"发挥创造活力"看武医结合的现代化表达

"构建社会主义和谐社会，必须最广泛、最充分地调动一切积极因素，发挥各方面的创造活力。"创造活力是建设社会主义和谐社会的重要动力和保障，对于郑怀贤武医结合思想在21世纪的发展而言，同样如此。

郑怀贤老先生，在特殊的时代背景下，能秉承前辈们的优良传统以及较好地结合所处时代的特点，并适应时代的需求，在此之下不断创新，不断拓展，独树一帜，在武术与医学科学的结合下形成了武医结合思想——运动医学。郑怀贤武医结合思想充满了创造活力，这种积极的适应社会发展的形式，不管是主动的还是被动的，都很好地保障了武医结合思想能够在时代更替的过程中经久不衰，蓬勃发展。这也正是目前我们挖掘、传承和发展郑怀贤武医结合思想时所应该拥有的品质。当前，全世界各国的科学技术正在迅速发展，科技实力决定国际地位，科技实力已逐渐成为检验一个国家综合国力的重要标志，谁拥有高端科技水平这一优势，谁就可能将占有政治、经济、军事发展的主动权。因此，我国运动医学科学技术在未来的发展中必须努力创造活力，争取迎头赶上世界各国科技的先进水平。只有这种积极主动，充满发展热情与创造活力的与时俱进的适应形式，才能满足当前建设社会主义和谐社会的时代大环境下的和谐化需求。才能通过在对不同时代、不同特点的良好社会适应过程中，不断地吸收当前阶段的丰富文化内蕴，使得运动医学在发展中既保持自身的特点和充实而又完善的体系，又具有独出心裁的创新活力。

"文化的创造性是人类进步的源泉"。我们在挖掘和发展郑怀贤武医结合思想的时候要想展现文化的创造活力，不仅要吃透其思想的深厚内涵，还要发扬勇于创新的精神。郑怀贤武医思想的科学发展实质上正是其在21世纪的现代化表达的问题。在科学技术飞速发展，各家思想观念进行摩擦和激烈的碰撞，文化交流空前活跃的国际大环境下，如何保持自身文化的优越性；在当前国内积极建设社会主义和谐社会的大潮中，如何让优秀的传统武医思想在现代化表达中体现出创新活力；在巧妙而科学地展现郑怀贤武医结合思想的优秀内涵的同时，如何使其和谐地融入时代的节拍等问题都是需要我们思考和解决的问题。从郑怀贤武医结合思想的长远发展角度来看，这是一项极富创意且极需创意的艰难的系统创造工程。在这项系统工程中，以郑怀贤武医思想的继承为开端，在传承中适应当今时代发展特点，科学设计郑怀贤武医思想的现代表现形式，使其在新环境中充分发挥功用。与时俱进、勇于创新，将使郑怀贤武医结合思想的发展充满创造活力，在构建社会主义和谐社会的大环境下，21世纪郑怀贤武医结合思想——运动医学的发展前景令人期待。

3.3 从"坚持中国特色社会主义道路"谈武医结合与奥林匹克运动的关系

构建社会主义和谐社会，必须"坚持走中国特色社会主义道路。"离开"中国特色"的前提，构建社会主义和谐社会就成了空中楼阁。"坚持中国特色社会主义道路"的前提条件，对我们理解郑怀贤武医思想与奥林匹克运动两者之间的关系问题及发展问题也具有很大的启迪。

武术和医学曾是两个互不相干的领域，是奥运会让他们"牵手"。在武医思想的结合下，郑怀贤老先生在上世纪六十年代创立了运动保健系（今运动医学系）和运动医学研究室，为运动医学的发展奠定基础。奥林匹克运动是人类体育文化的重要部分，以发展竞技体育为主的它促进了人类体育运动的快速发展，在近代一直占据着主导地位。而奥运会不仅仅只是展示各国体育健儿的竞技水平的舞台，在竞技水平激烈斗争的同时，各国运动医学的战场也是硝烟四起，成了各国运动医学水平相互比拼的隐蔽竞赛。四年一次的奥运会，是全球瞩目的体坛盛事，吸引了各国大量的运动员积极参与。而各国运动员在代表自己国家参加比赛的同时，国家自然也会为他们配备高端的医疗团队随同。毫无疑问，奥运会就不仅仅只是各国运动员们"华山论剑"的地方，也是各国运动医学专家们"斗智斗勇"的战场。

运动医学与奥林匹克运动的交流与互补，是人类体育文化发展的必然走势。郑怀贤武医结合思想具有自己独特的魅力，所谓"中国特色"。那么此思想在构建和谐社会视域下的发展,只有充分地挖掘自身的优秀内涵,在坚持自身的特色魅力的同时,积极与现代文化相适应,不断地完善自我、创新自我,才能在在与世界文化的交流和激烈碰撞中处于有利地位。鲜明而丰富的民族文化特色,必将使郑怀贤武医结合的思想体系更加完善,使运动医学的发展更加蓬勃,使人与人之间,国家与国家之间更趋于和谐,使社会和谐发展。

4 结论

面对新的历史时期,郑怀贤武医结合思想肩负着重要的历史使命,同时,也正面临着一个挑战与机遇共存的关键时期。在构建社会主义和谐社会的大环境下,我们在传承和发展郑怀贤武医结合思想应该重新思考和定位,紧密结合当前的国内外形势,不断改革,不断创新,与时俱进,在坚持自身特色的同时突破原有的发展模式,以满足人民群众日益增长的体育文化需求为出发点,充分挖掘其思想的优秀内涵,发挥自身的"和谐"功能,为促进社会主义社会的繁荣、发展、和谐服务,并在构建社会主义和谐社会的进程中不断追求自身的发展和完善,保持活力。从而为我国实现体育大国向体育强国的转变做出应有的贡献。同时要把握机遇,实现郑怀贤武医结合思想在当代的和谐发展。

参考文献

[1] 王伟.社会主义和谐社会的内涵、特征及其构建[J].攀登(双月刊),2005,(3):20-23.

[2] 王涛,孙刚.试论和谐社会与武术发展[J].北京体育大学学报,2008,(4):461-462.

[3] 旷文楠.武林大家郑怀贤[J].名人茶座,28-29.

[4] 姜宝华,王俊宝,高宏,刘振武.运动医学的当前发展及其社会作用[J].医学理论与实践,2005,(1):26-28.

[6] 汪静.运动医学专家郑怀贤的成就与贡献[J].兰台世界,2014,(4):137-138.

[7] 张耀红，侯乐荣. 郑怀贤"武医结合"伤科学术思想的整理与思考[J]. 成都体育学院报，2016，（2）：98-102.

[8] 程大力. 中国武术文化发展大战略[J]. 体育文化导刊，2005，（1）：21-25.

[9] 赵昆. 和谐社会武术发展社区化与公众健康教育研究[J]. 热点关注，2007，（6）：137-138.

[10] 苏宝梅. 和谐社会视野中的高等教育的和谐发展[J]. 中国高教研究，2006，（12）：73-75.

"互联网+"时代郑怀贤武学的传播途径研究

肖蕴昕　孙　超

【摘　要】随着我国社会信息化水平的逐渐提升，互联网与人们的生产生活的关系也变得更加密切，为人们的生活及学习带来了极大的便利，网络平台已经成为继报纸杂志等纸质传媒，电视、广播传媒之后的一种新媒体，实现了信息资源的快速广泛传播。本文通过文献资料法、专家访谈法、逻辑分析法等研究方法，对"互联网+"背景下郑怀贤武学的传播途径进行研究。"互联网+"作为一种新媒体成为了信息化时代的最强音，形成了推动郑怀贤武学传播与发展的新常态（建议：郑怀贤武学的主要传播途径是建立中国武术交流论坛，建设中国武术远程网络教育以及建造更专业的中国武术网站）。

【关键词】互联网+；郑怀贤武学；传播途径

【前　言】"互联网+"是指利用互联网的平台、信息通信技术把互联网和包括传统行业在内的各行各业结合起来，从而在新领域创造一种新生态。"互联网+"代表一种新的经济形态，即充分发挥互联网在生产要素配置中的优化和集成作用，将互联网的创新成果深度融合于经济社会的各领域之中，提升实体经济的创新力和生产力，形成更广泛的以互联网为基础设施和实现工具的经济发展新形态。

郑怀贤一生授徒无数，既有武术上的高徒，也有医学上的得意门生，因为他自己从小求学时便怀揣了学须学尽的想法，常常需要经过十分的付出才能将其实现。所以当他自己成为师傅之后，他便能想学生之所想，毫无保留地将自己的绝学悉数传授，没有任何门户之见，因此他的学生中不少成为了武术大师，如曾任中国武术科研委员会副主任的习云太，被评为"中华武术百杰"的李毅立，以及曾被定为全国武术大赛示范表演者的吴兴与等，而有的成为了运动医学界的专家，如国家体育总局体能恢复与运动营养专家组副组长张世明，成都市中医药学会常务理事常振湘，享受国务院政府特殊津贴专家杨礼淑等。郑怀贤武术教学理念表现在严谨的治学态度、诲人不倦的教学风范、传承创新的教学理念，体现了武术文化内涵及武术的教育价值和功能，以传承中华优秀的传统文化为目的的教育模式是郑怀贤武术教育思想的外延表现。郑怀贤武德教育注重意志品质的培养，传播武术教育功能的德育功能，提高习武者个人的道德修养，通过传授技术，加强道德教育是郑怀贤武术教育思想的内涵，应对郑怀贤一生为武学作出的贡献进行广泛的宣扬，应该把郑怀贤武学通过不同的途径传播出去。互联网作为一种新媒体，其蓬勃的发展和日新月异的特点无疑是全球传媒界最引人注目的变革[1]。在"互联网+"的时代背景下，郑怀贤武学的传播正面临着来自新媒体的挑战，研究"互联网+"背景下的郑怀贤武学传播问题，探究"互联网+"对郑怀贤武学传播的影响，让郑怀贤武学在"互联网+"传播中得到更好的发展。

1 研究对象与方法

1.1 研究对象

以郑怀贤武学的传播途径为研究对象。

1.2 研究方法

1.2.1 文献资料法

通过中国知网、成都体育学院图书馆以及成都体育学院博物馆，查阅与郑怀贤武学相关的资料，并对所收集的资料进行归纳总结。

1.2.2 专家访谈法

对成都体育学院武术系在教专家和退休的专家进行访谈，深入了解郑怀贤武学文化内涵及武术的教育价值和功能，对郑怀贤武学传播问题及如何运用互联网传播进行讨论。

1.2.3 逻辑分析法

运用科学合理的逻辑思维对所收集的关于郑怀贤武学思想的资料进行

归纳总结。

2 研究结果与分析

2.1 "互联网+"与郑怀贤武学传播的发展

2.1.1 "互联网+"与郑怀贤武学的结合

互联网发展使人们生活的各方面都发生了变化，改变了传统信息交流方式的局限性，在这一背景下和郑怀贤武学相结合，把郑怀贤武学利用"互联网+"这一平台更加广泛地传播到国内外各地。郑怀贤学术思想拓展了武术发展空间，提出武术事业发展的新思路，为武术事业发展开启了新的历程，创新武术发展思维是郑怀贤武术教育思想以创新促发展的教育理念。郑怀贤是中国运动医学的奠基人，他将武术与医学完美地结合在一起，为中国运动医学的诞生和发展做出了不可磨灭的贡献[2]。

在"互联网+"背景下的郑怀贤武学的发展，从传统的"身传口授"的师徒传承，再到网络信息化的无界限传播，郑怀贤武学正在开辟一片崭新的天地。互联网传播不仅是一种全新的现代化传播方式，而且正改变着郑怀贤武学传播的生态环境，包括文化环境、产业环境和受众环境。互联网为我们提供了一个更好的学习、交流和认识的传播生态环境，让更多的人在了解郑怀贤武学时多了一种选择方式。我们可以"把网络作为一种传播武术的手段和工具，互联网对传播信息、新闻的迅速快捷，在第一时间为全世界武术爱好者提供全球武术动态"[3]。因此，在"互联网+"背景下郑发展怀贤的武学，将拓展郑怀贤武学的传播渠道和方式，扩展传播容量，提升传播质量，扩大传播覆盖面，增强传播力和影响力，为郑怀贤武学在信息化时代的发展提供科学推力。

2.1.2 "互关网+"对郑怀贤武学传播的影响

在"互联网+"时代背景下，郑怀贤武学的传播正面临着来自新媒体的挑战。所以，研究"互联网+"背景下的郑怀贤武学的传播问题，探究"互联网+"对郑怀贤武学传播的影响，如何让郑怀贤武学在"互联网+"传播中成为一个不断流动、演化着的生命过程。如何通过"互联网+"把郑怀贤武术广泛传播出去，让更多的人了解郑怀贤是非常有意义的。在担任成都体院附属医院院长期间，郑怀贤还兼任学院的教学工作，一边在医院进行科研，一边将自己研究中呕心沥血获得的成果和盘托出，教给学生，为新中国培养了大批运动医学骨干。为了更好地发展运动医学，20世纪60年代初，他从自己学生中选拔优秀者并派遣到天津，跟随骨科专家方先之学习中西医结合的骨折诊疗方法，跟随骨伤科专家尚天裕学习用小夹板固定、中西医结合以及内药外练相结合的治疗骨折的方法。获得他无私教诲的学生，后来遍及全国各地乃至境外很多国家。只有通过"互联网+"这种新的传播途径才能把郑怀贤武学发扬光大，让更多的人了解，在新的传播途径中提供积极的精神，扩大郑怀贤武学的影响力。

2.2 "互联网+"时代郑怀贤武学的传播途径

2.2.1 利用微时代和微文化对郑怀贤武术进行传播

微时代和微文化以微博、微信作为主要工具，"微传播"成为信息传播的主体，"微媒体"网络新技术、新产品作为新文化传播的主要媒介，"微阅读""微课堂"等作为一个新的文化现象；"微传播"成为了文化传播发展革新进程中的产物[4]。通过安卓系统、苹果系统、媒体官方微博等多方载体的联手，每一位武术文化传播者，可以在读者、作者、记者、编辑各种身份之间转换，利用各种信息传播形式，微传播媒介必然成为武术文化界进行文化传播的新机遇、新媒介。目前，微博、微信等网络平台已经成为人们获取和传播信息的重要媒介，随着微博、微信用户的增多，一个"前所未有的微时代"来了，以小众传播、分众传播取代大众传播，以小宣传取代大宣传，各类便携式移动终端层出不穷，实时持有和瞬时传播为民众创造了一个全新的媒介空间。然而，对于郑怀贤武学在互联网新媒介——微传播产生后，有意识地利用微传播手段与广大的郑怀贤武学受众进行很好的互动交流，开发微传播路径的创新手段甚少。郑怀贤武学传播者在新网络产品的使用能力、利用新网络微媒介平台进行郑怀贤武学传播的整体意识尚不足，因此，亟待探寻郑怀贤武学传播路径的创新渠道。现在微信与财付通结合已经以"O2O"的线上线下的方式开放手机支付市场，成为淘宝、天猫后又一个新型的消费市场，通过将"武学+微信+二维码+财付通"结合形成关系链，使之成为新型的郑怀贤武学传播途径。

2.2.2 利用百度贴吧对郑怀贤武学进行传播

百度贴吧是百度旗下的独立品牌，是全球最大的中文社区。贴吧结合搜索引擎建立了一个在线的交流平台，将那些对同一个话题感兴趣的人们聚集在一起，让他们方便地展开交流和互相帮助。贴吧是一种基于关键词的主题交流社区，它与搜索紧密结合，准确把握用户需求，为兴趣而生[5]。郑怀贤武学传播在一定的社会环境下，通过一定的途径，在人与人之间纵向和横向地流动。在贴吧平台上，郑怀贤武学的传播流动过程中，每个人都可以成为传播者，向不同的人传播自己想要传播的郑怀贤武学内容。被传播者也可以提出自己的异议，在这种讨论和交流中，郑怀贤武学知识也在潜移默化中传播开来。百度贴吧作为传播郑怀贤武学的途径，必然能发挥出巨大的作用。

2.2.3 通过"互联网+"建立郑怀贤武学交流论坛

互联网时代的一大特点就是人人都可以参与到互相交流中，人人都可称为"自媒体"。自媒体包括论坛、微博、博客、播客、即时通讯等。"媒体的自主性、个性化、移动性、互动性、智能性成为了当下传播的新标准，融入了互联网基因的传媒形态，在自身品牌价值与媒体公信力的优势之上，将呈现出'互联网+'中时代媒体崭新的行为方式和思维方式"[6]。交流论坛的优点在于拥有个性化、平民化，门槛低、操作快捷，交互性强、传播迅速等特点，正好符合了郑怀贤武学的大众化、全民化特点，从而可以对郑怀贤武学进行广泛传播，使其发挥不可估量的作用。

郑怀贤武学论坛指"在网络上人们以郑怀贤武学为讨论主题的一种即时的电子信息服务系统。它是人们获取武术信息、发布武术信息、参与武术讨论、娱乐身心、资源共享的网上家园，网友们可以在此自由结交朋友、交流思想和发表信息"。武术爱好者可以在论坛里自由发表个人的观点，他们之间还可以通过发帖子互相交流，互相评论。交互式传播是互联网为郑怀贤武学传播提供的最突出特点。郑怀贤武学传统的传播方式通常是单向线性传播，人们无法随时随地进行郑怀贤武学信息的互动交流。而郑怀贤武学新媒体传播既可以是单向传播、也可以是双向甚至多向传播。人们通过郑怀贤武学论坛或人与人之间利用个性化的手段实现郑怀贤武学信息的互动，通过论坛、微博客、网络电话等工具实时地进行传授郑怀贤武学、表达观点等各种互动。可以说，已经没有单一的受众，人人都有说话，收发信息的机会和权利。

2.3 对郑怀贤武学进行网络远程教育

互联网的新时代，网络远程教育也成了郑怀贤武学传播的主要方式。"远程教育是指学生和教师、学生和教育机构之间主要采用互联网手段进行系统教学和通信联系的一种教育形式"[7]。网络远程教育作为一种新媒体传播媒介流行起来。网络教育广博的知识内容、便捷的获得渠道，使得单位时间内个体所能接触的信息量和知识的储备量发生翻天覆地的变化，必然引发了对传统的教育模式的转变。例如，郑怀贤武学以前的教育方式主要有师徒传承式的教育、学校的武术教育等，大大限制了教育传播的形式、地点、内容，导致了许多没有和郑怀贤武学有联系的武术爱好者错失学习武术的机会。郑怀贤武学教育的保守、单一、狭隘的传播方式阻碍了郑怀贤武学的传承和发展。"互联网打破了地域、空间、时间、边界和现有媒体的限制，使得各种形式的武术信息能够以图片、动画、文字、声音、影像的方式，借助互联网的优势做到能持久、即时、海量、全方位、多侧面、深层次的在全世界传递，避免了传递过程中信息的丢失、遗漏和误传"[8]，网络远程教育打破常规，是现代化教育的产物。

网络远程教育作为一种在现代信息技术的发展条件下产生的新型教育方式，它充分运用了计算机技术、多媒体技术及通信技术等，为郑怀贤武学的传播与发展带来了新的机遇，为武术学习者提供了更多的机会，一定程度上减轻了武术教育与学习的负担。网络远程教育对于郑怀贤武学传播与发展的优势主要表现为以下三点：一是学习者可以最大限度地利用郑怀贤武学资源，郑怀贤武学教育资源也可以借助网络摆脱时间及空间的限制，使郑怀贤武学教育被更多的武术爱好者所接受，也让优秀的武术教师为更多的武术人服务；二是武术传播自主化，将远程教育应用于郑怀贤武学传播，可以让任何接触互联网的人在任何时间、任何地点进行郑怀贤武学的学习；三是学习形式的交互性，在学习过程中，有任何不清楚，或者是没有学会的地方，学习者都可以通过反复播放学习的方式来解决，还可以借助于网络来实现全方位的交流。目前，通过网络学习郑怀贤武学的人越来越多，郑怀贤武学在互联网建立自己的网络课堂，通过声音、图像等为受众提供一个生动形象的学习环境，对于武术爱好者郑怀贤武学理论知识的增加、促进郑怀贤武学的多元化发展都具有重要意义。

2.4 成立郑怀贤武学的专业网站

随着互联网新媒体的迅速发展，郑怀贤武学传播的方式也越来越应该顺应时代的潮流，郑怀贤武学也应该借助新媒体来成就郑怀贤武学文化建设和传播的新梦想。互联网的快速发展，使得网站的建设也是方兴未艾。在如今的信息化时代，人们可以通过网络了解郑怀贤武学，并利用网络学习郑怀贤武学的文化和技术。通过了解人们的需求，为郑怀贤武学文化交流和传播发展提供可靠的平台。

对于郑怀贤武学网站的建设，另一个重要领域是利用视频播客。在优酷、爱奇艺、搜狐、腾讯等视频网站，各大门户、搜索网站的视频资源形成了网络视频的强强对话。尽管网站的建立给郑怀贤武学传播带来了资源的海量性、形式的多样性、信息的时效性、内容的互动性、数据的储存性等多种优势，但在郑怀贤武学专业网站还可以浏览到图文并茂、生动形象的各类郑怀贤武学的新闻信息。

3 结论

科技进步推动"互联网+"的发展，"互联网+"的发展推动郑怀贤武学的发展，互联网不断影响着郑怀贤武学的生存环境和传播环境。"互联网+"扩大了郑怀贤武学文化传播受众的广度和深度、丰富了郑怀贤武学文化的传播内容、创新了郑怀贤武学文化传播的途径、变革了郑怀贤武学文化传播者的身份。因此，唯有让郑怀贤武学与"互联网+"融合，才能共同创造具有开放、多元、共享、平民化等为内核的郑怀贤武学，才能使郑怀贤武学在传播中不断得到增强，郑怀贤武学作为我国优秀文化的精髓，必然会顺应"互联网+"的发展趋势，借助于互联网实现广泛传播。

由此可见，郑怀贤武学的功能完全可以满足受众在生理上、心理上和安全上的需要，成为人们关注和学习郑怀贤武学的动机所在，只有如此，郑怀贤武学的传播才能达到理想的效果。在"互联网+"的时代背景下，郑怀贤武学的传播还要注重传播效果的反馈。郑怀贤武学信息接受者反馈的意见性信息都直接或间接地反应和显示了其自身关于郑怀贤武学的接受动机、需求和心态，这有助于郑怀贤武学传播者检验和证实传播效果，为郑怀贤武学传播者改进和优化下一步的传播内容、传播形式和传播行为提供参考。

随着微时代的来临，郑怀贤武学传播促进了武术文化的进一步传播，从传统的口传媒介、印刷媒介、大众传播媒介和多元媒介再到互联网，一步步逐渐扩大了我国郑怀贤武学传播受众的广度和深度、丰富了郑怀贤武学的传播内容、创新了郑怀贤武学传播的途径。微时代使得郑怀贤武学的传播渗透到社会的每一个角落，每一个民众都可以成为郑怀贤武学的传播者和受益者。

参考文献

[1] 吴攀文，贾俊刚，虞定海．武术文化传播中的新媒体应用[J]．新闻与写作，2015，01：102-104．

[2] 汪静．运动医学专家郑怀贤的成就与贡献[J]．兰台世界，2014，04：137-138．

[3] 张国才．全球化背景下中国武术的国际化传播研究[D]．南京师范大学，2015．

[4] 李凤芝，索烨，朱云，刘玉，卞会泉．微时代下我国武术文化传播路径创新研究[J]．商丘师范学院学报，2016，03：81-85．

[5] 龙谦，梁小娟．浅析百度贴吧平台下的武术传播[J]．中华武术（研究），2014，12：59-63．

[6] 袁一平．自媒体时代下武术传播的新趋势研究[J]．中华武术（研究），2015，05：16-20，51．

[7] 经建坤．网络环境下武术信息发展的前景研究[J]．体育科技文献通报，2012，06：107-108，113．

[8] 白俊亚，高楚兰．从网络媒介特点探讨网络对武术传播合理性[J]．搏击（武术科学），2015，02：19-21．

武术在文化冲突视域下的门派之争

辛双双

【摘　要】本论文以文化冲突作为研究视角，采用文献资料法、数据统计法等研究方法，对中国传统武术门派的发展、冲突的演进等问题进行了粗浅的分析和探讨。围绕研究主题，主要探寻了文化冲突与武术门派的联系，以及门派之争背景下武术本身的分化与整合等的问题。研究结果表明：（1）文化的兼容与分化是促使武术门派产生、发展、相争的重要原因。（2）宗法、传统文化以及武术技术的个性特征是文化冲突的主要内容，是造成门派之争的主要原因。（3）武术的门派传统，奠定了武术的分化与发展并行不悖的特点，武术门派之争促进了武术技术与文化内涵的拓展。通过研究门派的"冲突"与"认同"，进一步论证和描述武术门派之争的社会本质问题，试求为武术门派的发展以及武术门派文化的深度认知提供学术上的参考和共鸣。

【关键字】武术；文化冲突；门派

【前　言】武术最显著的特点在于凝练了中国传统文化的特质，在农耕文明的环境下将中国传统哲学、宗法文化与武艺技击相结合，创造出种类繁多、风格各异的武术拳种门派。邱丕相认为"以拳种流派为单位，呈现丰富多彩的多元化格局是中国武术最突出、外显的文化现象"[1]。同时，陈华文提出："文化冲突是两个或两个以上的文化群体由于文化模式中存在较大差异，产生了文化认同上的障碍，继而导致文化间出现的交锋、紧张与对抗。"[2]门派的产生与相争是文化冲突推动下的产物，不同门派之间的每一次抗衡都是两种文化之间碰撞的结果。从文化冲突视角对武术的门派进行解读可以更理性地看待武术门派存在的合理性，贴合实际地还原中国武术传统文化。

1 文化冲突与传统武术门派之争

1.1 文化冲突的含义

人类文化的产生伴随人类文明的始终,而自人类开始自己的文化历程起,人类文化的冲突就是文化发展的重要形式。"一般来讲,文化冲突是指不同地域、不同时期、不同民族的两种或两种以上的文化相互接触所产生的竞争和对抗的状态,或者是某一历史阶段某一个民族占主导地位的文化模式或文化精神由于不再有效地规范社会和个体的行为而陷入了危机,"[3]与此同时,出现了新的文化模式或文化精神,并遇到了旧文化模式或文化精神的排斥和抵制。

"文化发展离不开文化交流,由于不同的文化有着不同的价值标准、价值理念和价值取向,有其独特的发展规律,于是文化交流过程中存在文化差异和文化矛盾,因而产生文化冲突。"[4]而在历史长河中,武术门派走的就是一条不断在差异中并存、在矛盾中前行的逶迤道路。

1.2 武术门派之争的动因

泰勒曾对文化作经典下定义:"文化,就其在民族志中的广义而言,是一个复合的整体,它包含知识、信仰、艺术、道德、法律、习俗和任何人作为一名社会成员而获得的能力和习惯在内的复杂整体。"[5]由此可见,武术的门派分化其实是中国传统农耕文明条件下的必然产物,传统中国社会中蕴藏着武术门派之争的社会动因、文化动因和技术动因。

1.1.1 宗法社会下武术进入秘密传承成为武术门派产生的社会动因

在宋代,武术发展已经取得令人瞩目的成绩,但是当时的武术派别分化并不明显,基本上还处在以刀、枪、剑、棍等器械门类作为分类依据的初始阶段。元代作为武术传播与交流机制易道的"分水岭",元朝统治者进屋力度空前巨大,但冷兵器时代的人们不可能放弃武术这样的防身和攻击技艺,武术的习练、传承只能进入了地下状态。习武者由于难以获得宽松的环境进行技法较量,"在以宗法制度为社会结构主体框架的中国传统社会环境下,武术在宗族内部、结社组织内部、师徒之间狭小范围和纵向单线的传播,使武术母树伸出的根须,互不相连地越伸越远,终于形成众多的门派"[6]。在重视血缘传承而又缺乏横向交流的态势下,武术的攻防技术只能通过不断地纵向接力和研习而日趋精湛，因此武术门派观念不断强化。

1.1.2 中国传统文化内涵是促使武术门派之争产生的文化动因

地域文化的差异性影响着武术门派之争的产生，同时，宗教文化对传统武术门派的影响作用同样不可小觑。现在武术门派中被奉为"泰山北斗"的少林和武当正是宗教文化与传统武术结合的产物。少林因为立足于中国最大的佛教流派禅宗的祖庭少林寺，禅宗佛理与武术并传显然丰富了少林武术的理论基础，更是加大了少林武术的影响力。此外，宗族文化对武术门派相争的催化作用同样明显。随着宋代理学的发展，理学强调宗族文化甚嚣尘上，武术文化也受影响颇深。特别明代时期，武术文化与宗族文化的契合尤为明显。明代武术中出现了许多以人名姓氏为称呼的武术类别。这类记载在明代的相关著述中所见颇多，仅何良臣《阵纪》中的一段记述就很能说明问题："……温家之七十二行拳、三十六合锁、二十四弃探马、八闪番、十二短，此又善之精者。吕红之八下、绵张之短打、李半天曹聋子之腿、王鹰爪唐养吾之拿、张伯敬之肘、千跌张之跌……"[7]文中所提到的温家、绵张、王鹰爪、千跌张等称谓显然已经自觉将姓氏与武功专项技法紧密联系起来，表明了某种独特的武术技法在某家族中得到特别重视并成为绝技的事实。对姓氏的突出正是宗族文化强调的重点，可见，宗族文化对武术门派之间的分歧影响是确实存在的。

1.1.3 武术理论内涵和技术精进是武术门派分化的技术动因

任何一项具有操作性质的技术活动都必然要经历自身的技术发展和进化过程才会逐渐成熟。武术作为一种带有极强技术特点的身体活动形式，同样要经历长时间演进才可能得到理论上的完备和技术上的精进。目前，据现有明代的武学著作上的记载我们可以窥见，当时的武术技法中踢、打、摔、拿等攻防技术已经十分成熟，并且按技术路线产生了技术分流，武术家精通某项绝技的现象非常普遍。我们谈论中国传统武术"起于易、成于医、附于兵、扬于艺"。明清之际，阴阳、五行、八卦等中国古典哲学理论和经络、中气、穴位等传统医学理论融入武术功法之中，提高了武术的理论性和文化内涵。一旦自成系统的武术理论与特色鲜明的实战技法形成系统的结合后，武术门派的分化也就理所当然了。

2 武术门派之争对武术文化的能动影响

2.1 促进"身体技术"的多元化发展

塑成身体语言学的本质是门户想象的求新立异,表现为对身体别样想象的新探索。例如,在技术风格上,当其他拳种在"不跌不仆中求胜[8]"想象身体语言时,地趟拳、狗拳(地术)又从倒地躺着"打"的别样思想中想象出身体的新语系(如地趟拳的"九滚十八跌"[9]、福建少林地术犬法的"踢打捆绑擒"),或者说,福建少林地术根据"力弱者或古时缠足女子在敌手的强攻下往往会跌仆"的特征[10],以"地趟术取胜或设势诱胜"别样利用身体的可能性发掘出力弱者和女子等弱势群体的身体语汇。在技击策略方面,当形意拳等想象正面直来直去技击身体语言的时候,八卦掌等又从侧面"避正打斜、以正驱斜"的别样想象中通过形成"走转"避开对手正面攻击,并以己之正面顺势击彼斜面劣势的技击语言。在运动特征上,太极拳等从"慢、不用力、尚守"等武术未思内容的想象,勾画出与"快、用力、尚攻"拳系不同的身体语系。

2.2 夯实武术文化的理论架构

武术相对秘密和封闭状态的传承,却有利于习得者人格品德的选择和拳种技术创造的纯洁的保证。尤其是对后者的作用不容低估。保密状态固然不利于互取所长,然而却有利于充分发挥每一个个体的个性和智慧,使创造向纵深和深层发展,并使一拳种形成区别于它拳种的独特风格。这个道理很简单,太极、少林如果始终处于一种开放交流的状态,那就既不会有刚暴猛烈的少林拳,也不会有柔化静凝的太极拳,而只会有一个拳法。"各个拳种是基于不同的认识论和方法论形成的,风格迥异,正如形意拳基于五行、八卦掌又基于八卦、太极基于八卦加五行而号称十三势等等不一而足,这些在不同认识论基础上衍生的技术体系、拳理拳风、道德规范也有所差异。"[11]汇集成为博大精深的中国武术浩瀚之海的那些风格迥异、精妙无比的众多武术流派,正是这样形成的。不少中国武林先贤高人,淡泊仕途,隐居山林村泽,甘于贫穷寂寞,穷尽毕生精力,用尽一身心血探索。成就中国武术这一瑰宝,他们是功不可没的。

3 门派之争的消解方式

在中国传统文化在与西方强势文化对话中,由最初的边缘化到逐渐恢复话语权的今天,如何整合文化资源、消除内部分歧,打造文化精品,扩大传播效果,提升文化软实力已成为国人亟待思考的课题。客服门派之争的弊端应从全局出发,要求各个环节形成合力,共谋武术文化的大繁荣,为国家、为民族所用,门派之争带来的消极影响却近乎与之背道而驰,因此如何规避和淡化门派之争的消极影响,具有重要的现实意义。

3.1 构筑民族"文化认同"

通读武术史就能发现,对门派之争感触最深的莫过于张之江先生,他在中央国术馆的体制设置上"设少林、武当两大门派。"[12]终因门派之争不欢而散,分道扬镳而导致体制重新设置为"一会三处",门派之争的弊端不言而喻。这其中包含的就是拳种与拳种,门派与门派的认同问题,它们基于不同的认识论和方法论,而且产生风格迥异,这些在不同认识论基础上衍生的技术体系、拳理拳风、道德规范也有所差异,而且彼此难以说服对方。同时,"基于每个习练者不同的经历背景和知识结构而产生的对拳种的不同认知和体悟,以及对拳种所产生的文化认同程度也大相径庭"[13],又进一步加深了分歧。"无论哪一个门派和拳种,它之所以流传至今,正说明其本身在武术舞台上占有不同的优势。"[14]

门派虽然有别,但却同在国门之内,因此我们应将门派的规模放大到民族层面。"民族精神提供给本民族的人们以一定身份认同或精神品格。"[15]民族是个"想象的共同体",维系这个共同体的内在纽带是民族精神,正是这条纽带使大家有民族的归属感与民族的自豪感。真正的身份认同是那种参与式的建构性认同。同时,这一身份认同还带来一个必然的后果:那就是促进了我国武术界的统一和门派间的团结,增强民族的凝聚力。

3.2 堆砌门派的"文化自觉"

全球经济一体化、文化多元化为大势所趋。面对西方思想界的种种文化理论,中国学者费孝通站在纵向历史传统和横向世界格局的交汇点上,提出了著名的"文化自觉"理论,并将文化自觉历程高度概括为:"各美其美，美人之美，美美与共，天下大同。"这是他寻求构建众美交融、和谐共处的人文价值理念的结晶[16]。"文化自觉"同样是指导武术文化发展的有力武器。门派之争所代表的宗派主义和门户之见是基于思想道德素质低劣的、狭隘的文化发展观，是名利的争夺，它反对团结一致、相互借鉴、共同繁荣，是反对改革创新的小肚鸡肠的表现，代表了文化的沙文主义。但 "文化多样性是交流、革新和创作的源泉，对人类来讲就像生物多样性对维持生物平衡那样必不可少。"[17]文化能多元发展才是文化更加繁荣的基础。而文化的核心问题是"人"，文化即人化[18]。存有门派之争的人士必须实现文化的自我觉醒，要认识到只有抛弃门派之争，相互融摄和借鉴，克服文化发展中的"内结构性冲突"[19]，只有像"大武术观"要求的"拥有武术大视野，做武术大家"那样，才有可能像孙禄堂先生那样成为融合形意、八卦、太极为一体的一代宗师。所以门派之争的现代调适也就要按照文化发展规律，进一步淡化门派意识，提高武术人境界，尽量减少门派之争。

4 结论

"从武术发展战略的研究来思考，武术的文化研究……只有站在关乎国家利益、民族兴衰的高度，才会大气磅礴"[21]。从文化冲突的视角下审视武术的门派之争，更应该站在国家和民族的高度，基于武术当代发展现状而提出的时代理念。门派现象是我国传统家族文化和家族组织与制度在武术场域的表现，门派在当代虽已淡化，但门派之争在名利的催化下其生命力依然强劲，对全国武术形成合力、武术文化的大发展大繁荣有着固有的文化阻滞力。如果我们了解这一传统的文化张力，又清楚其文化局限，那么有机协调武术门派之争将能为武术的未来发展提供些许帮助。

参考文献

[1] 邱丕相，杨建营.武术特征的文化研究[J].武汉体育学院学报，2009，43（7）：5-8.

[2] 陈华文.文化学概论新编[M].北京：首都经济贸易大学出版社，2013.

[3] 杨晓光.文化认同、文化冲突对和谐社会建设的影响[J].科技创业，2014（1）：142-144.

[4] 郭守靖.文化冲突背景下武术与奥林匹克精神[J].沈阳体育学院报,2013,32(6):118-121.

[5] 泰勒.原始文化:神话、哲学、宗教、语言、艺术和习俗发展之研究[M].桂林:广西师范大学出版社,2005.

[6] 程大力,刘锐.关于中国武术继承、改革与发展的思索:由武术门派的渊源成因看武术门派的发展走向[J].成都体育学院学报,1998,24(4):20-24.

[7] 何良臣.阵纪[M].北京:中华书局,1985.

[8] 徐哲东.国技论略[M].太原:山西科学技术出版社,2003.

[9] 康戈武.中国武术实用大全[M].北京:今日中国出版社,1990.

[10] 王培锟,张大勇.福建地术[M].福州:福建人民出版社,1985.

[11] 王晓晨."大武术观"下门派之争的当代文化张力及其调适[J].河北体育学院学报,2013,27(6):90-93.

[12] 马明达.说剑丛稿[M].北京:中华书局,2007.

[13] 刘素静,王海泊,马振水.作为体悟的中华武术文化现象解读[J].河北体育学院学报,2012,26(4):82-84.

[14] 陈振勇.门派之争何时了[J].中华武术,2001.

[15] 顾红亮.民族精神与和谐社会的文化认同[J].华中科技大学学报·社会科学版,2005(3):5-9.

[16] 费宗惠,张荣华.费孝通论文化自觉[M].呼和浩特:内蒙古人民出版社,2009.

[17] 吉灿忠,邱丕相,李世宏.传统武术"文化空间"所遭遇的抵牾及其理论调适[J].天津体育学院学报,2010,25(6):474.

[18] 陈伯海.中国文化之路[M].上海:上海文艺出版社,1992.

[19] 徐明,花建.文化发展论[M].北京:北京大学出版社,2005.

[20] 邱丕相.中国武术文化散论[M].上海:上海人民出版社,2007.

郑怀贤"武医结合"之路研究

杨新枝 王明建

【摘 要】近代武术家中,郑怀贤是其中的佼佼者,他不仅是一名技艺高超的武术家,还是一名杰出的中医骨伤科专家。这一切都与他从小博采众长、师承百家、习武医有关。本文运用文献资料法、逻辑分析法,对郑怀贤的"武医结合"之路进行总结和研究,考察郑怀贤"武医结合"产生的历史背景,为当下"武医结合"发展提供参考。

【关键词】郑怀贤;武术;中医骨伤科;武医结合

【前 言】郑怀贤教授,曾任中华全国体育总会常委、中国武术协会主席、中国体育科学学会理事、全国运动医学学会委员、四川省政协常委、中华医学会四川分会副理事长、成都运动医学学会主席、成都体育学院运动医学系主任、成都体育学院附属体育医院院长等职,是中国著名的武术家、中医骨伤科专家、郑氏运动创伤学的创始人。郑怀贤教授不管在武术界还是在中医骨伤科界都享有极高的声誉。郑怀贤教授除了擅长武术、正骨术、按摩术等,还于1936年成为首届国家武术队队员,在德国柏林举行的第十一届奥运会上表演了飞叉,是当时最轰动的节目之一,甚至令纳粹首领希特勒为之惊叹。在常年的中医骨伤科研究、诊疗过程中还创造了疗效显著的按摩手法和各种伤科中药,给后人留下《武术套路编制原则》《实用伤科中药与方剂》《伤科诊疗》《伤科按摩术》《正骨学》《运动创伤学》等近十部武术和中医骨伤科方面的专著,还有数部由后人研究整理出版的郑怀贤教授的武术套路遗产。出生于清朝末年的郑怀贤,正是一位集高强的武功和高明的医术于一身的"骨伤圣手""武医宗师"[1]。这是其他武术家和中医骨伤专家不可比拟的。

本文用系统科学的整理观念,对郑怀贤"武医结合"之路的起承转合进行综述和研究，考察郑怀贤"武医结合"产生的历史背景，以及"武医结合"思想形成的历史客观条件，揭示郑怀贤"武医结合"产生的历史渊源，挖掘"武医结合"的文化遗产，为当下"武医结合"的发展提供参考。

1 研究对象与方法

1.1 研究对象

郑怀贤"武医结合"思想形成的背景及其发展。

1.2 研究方法

1.2.1 文献资料法

通过维普中文科技期刊全文数据库、中国知网等网站和图书馆查阅相关文献，其纪实性文学作品，对郑怀贤"武医结合"相关的事迹、身世、历史背景、从师经历等资料进行收集和整理。

1.2.2 逻辑分析法

针对郑怀贤"武医结合"的思想及实践事实的相关资料进行逻辑分析，综合分析郑怀贤"武医结合"思想形成的背景及"武医结合"于实践中的应用。

2 "武医结合"之路

2.1 起——勤奋习武医

1887年9月，河北省新安县的一个平凡的农村家庭里，一个男婴在这里诞生了，父母满怀对未来的期许给孩子起名为郑怀贤。郑怀贤三岁丧母、八岁丧父后只好跟着哥哥生活。郑怀贤小小年纪便天资聪颖，在私塾学习的过程中，表现出惊人的记忆力，颇得先生的喜爱。然而私塾求学之路只有短短两年，由于家庭贫苦，无力承担学费，只有辍学回家，跟着哥哥一起务农。

接连而来的打击并没有击垮小小的怀贤，他反而对民间武术产生了强烈的兴趣。机缘巧合下，少年郑怀贤得以拜人称为"铁臂金山"的魏金山为师，魏师父擅长鹰爪翻子拳，练起武来步伐灵活、干净利落，在习武过程中，郑怀贤发现魏金山师父不仅武艺卓越而且擅长治疗骨伤。他在见到魏师父给别人治骨伤且有神效之后，拜托了师父教予他治伤救人的本领，然而师父却对骨伤秘方守口如瓶，后来在郑怀贤的坚持不懈之下，加之师父觉得徒儿为人忠厚又天资聪颖、刻苦好学，他终于以诚心打动了师父，让师父把治骨伤的本领悉数传授给了自己。

师从武医双修的魏金山，开启了郑怀贤"武医结合"之路的大门，在拜师学艺期间，郑怀贤不仅学习了鹰爪翻子拳、戳脚等高超武艺，还习得了师父看家本领——各种骨伤的治法，除此之外培养形成的扶危济困、豪侠重义的侠义精神，也为后来郑怀贤济世救人的行为打下了基础。

2.2 承——博采众之长

2.2.1 师承百家

魏金山深觉郑怀贤天赋过人，假若经武功更高的人指点定能有更大的成就，遂将郑怀贤介绍给自己的好友，当时最负盛名的孙式太极拳的创始人，人称"赛活猴""天下第一手"的孙禄堂。武当剑名家黄元秀曾这样评价孙禄堂："近世之拳术，以形意、八卦、太极三门最为精妙，习者众，通者寡，穷一生之力能精其一者，已属难得。孙禄堂先生于形意、八卦、太极三家独能皆臻化境，除勤学善悟外，实有天赋异质、上根利器耳。"不仅仅是形意、八卦、太极，孙禄堂老先生还对《易经》、道家、医理方面颇有研究。在魏金山的推荐下，孙禄堂爽快地收了郑怀贤这个徒弟。这对郑怀贤来说，是一生中最为重要的一段经历。郑怀贤不仅从孙禄堂师父那里学到了形意、八卦、太极等拳术，提高了原本所学的戳脚、翻子、飞叉等技艺，精进了自己的武艺，还继续加强了他在骨伤方面的学习，得到了很多在治疗骨伤上效果明显的药方，系统地完善了医理、医术。早先魏金山所授拳路为"戳脚"一类，属北派。孙禄堂的内家诸拳，属南派。自此，郑氏兼得两派之长，融内、外家于一炉，技艺达到出神入化之境。[2]

已是而立之年的郑怀贤，虽不舍，但在师父孙禄堂的建议下外出闯荡。于是郑怀贤来到上海，在孙禄堂师父的儿子师兄孙村周那里学习了孙氏八卦。在此期间，他也先后在上海交通大学、上海西江体育师范学校担任武术教员的工作。并结识了上海传奇人物杜月笙，成为杜月笙的贴身保镖。

2.2.2 奥运争光

1936年，德国柏林举行了第十一届奥运会，中国武术队随同参加并做表演，当时的郑怀贤在选拔赛上以第三名的成绩成为随同表演的一员。武术运动员共9名，其中6名男运动员是张文广、温敬铭、郑怀贤、金石生、张尔鼎、寇运兴，3名女运动员是翟连元、傅淑云、刘玉华。郑怀贤当时表演的是他最拿手的绝技飞叉，只见钢叉像是魔法一般附着在他身上如银蛇一般缠身盘舞。表演结束，掌声雷动，引来无数外国人的惊叹，就连纳粹首领希特勒也赞叹不已。除了柏林，武术队还去到法兰克福、汉堡等地进行各种中国武术的表演，所到之处皆是强烈反响。

2.3 转——变革成医家

德国归来后，郑怀贤到前身为黄埔军校的国民党中央军官学校任国术教官，培训了几期学员。后辞去军校的教职，定居于成都，在成都多条街道上开过骨伤科诊所，以个体的方式行医。同时也从事着武术教授的工作。

1949年，中华人民共和国成立后，郑怀贤进入了成都体育专科学校，也就是后来的西南体育学院，现在的成都体育学院，在这里郑怀贤的学术得到了用武之地。他是一个学必学精的人，进入成都体育专科学校后的他将自己毕生所学毫无保留地交给学生，已经年近花甲的郑怀贤上课、做示范都亲力亲为，对学生因材施教、悉心指导。

1950年，恰逢"五·四"青年运动会在重庆大田湾体育场举办，在一场足球比赛中，郑怀贤为一位意外受伤的运动员进行了紧急治疗，运动员的伤情立马好转，若无其事地返回了球场。这一切都被在主席台上的西南军区的贺龙司令看在眼里。当天贺龙司令特意安排了饭局希望结识郑怀贤。几年后，贺龙司令右手受伤，特意请郑怀贤前来为自己治疗，果不其然，第二天手便恢复了正常。

1956年，因遭遇了国家体育主管部门开展的"反真功夫运动"，使得郑怀贤失去了研究和推广武术的环境。尤其是"文化大革命"时期对传统文化的破坏简直是毁灭性的，不光是许多身怀绝技的武术老拳师被折磨致死，绝大多数珍贵的传统武术资料也毁于一旦。"文化大革命"结束后，挣扎着幸存下来的老拳师大多都已年老而再也没精力再现绝技，而幸免于难的武术资料也已寥寥无几。郑怀贤索性把精力转移到中医骨伤科的研究上，多年的拜师经验，让郑怀贤武术和中医骨伤科两方面都得到了瑰宝，加之郑怀贤博采众长、深谙武术和中医骨伤科中的奥妙，创造性的自成一家，形成了中医骨伤科领域自己的一套体系。

2.4 合——绝技写春秋

1958 年，在贺龙司令的支持下，郑怀贤筹建了成都体育学院附属体育医院，这是一所我国创办的第一所体育专科医院，由郑怀贤亲自担任院长职务，他将所有的精力都投入到中医骨伤科的研究中。把师从各大家时学来的正骨法、接骨法、推拿按摩术以及骨伤药方系统地进行了归纳和总结。1960 年，郑怀贤又成立了运动保健系，即现在的运动医学系，系主任也由自己担任，并辞去了武术系的工作。带领同僚和学生建立了一个以中国传统骨伤科为特色的运动医学基地。

1964 年初，周总理访问亚非多国归来后，因为操劳过度，旧伤复发，经人推荐请来郑怀贤为其诊治，郑怀贤判断周总理为陈旧性损伤，经过一番推拿按摩、走经通络，第二天总理的旧伤便已好了大半。而周总理为人民鞠躬尽瘁，死而后已的精神也深深影响了郑怀贤。周总理大赞郑怀贤医术高明，极大地鼓舞了郑怀贤更加潜心钻研的士气，并将万元之多的著书稿酬全部交做了党费。

多年以来，郑怀贤一生授徒无数，在成都体育学院培养了众多武术、医学方面的得意门生。武术方面：李毅立，中华武林百杰；吴兴与，四川大学武术协会教练；习云太，世界武林百杰等。医学方面：张世明，国家体育总局成都体育医院研究员；常振湘，中医骨伤科专委会主任委员；杨礼淑，享受国务院政府特殊津贴专家；闵本初，中国特效医术研究会委员；郑先达，享受国务院政府特殊津贴专家；冉德洲，四川省骨科医院教授；周吉祥，享受国务院政府特殊津贴专家等。1981 年，一生无私奉献的八十五岁高龄的郑怀贤教授辞世，郑老不光有《实用伤科中药与方剂》《伤科诊疗》《伤科按摩术》《正骨学》《运动创伤学》等中医骨伤科方面的专著留与后人，还有形意拳、八卦拳、对擒拿等武术套路得以传承，其众多弟子也都非泛泛之辈，他们或在国内，或在海外，或在高校，或在医院，为传承郑老的武术技艺和骨伤技术贡献自己的一份力。

3　结语

中国武术界在发展的历史长河中，找到了一种自我保护、自我治疗的方法，就是"武医结合"。它将祖国的医学与武术神奇地融为一体，既保证了武术的发展，保护了武术家的健康，又促进了医学事业的发展，它就是中国运动创伤学的雏形。[6]中国一大批武术家既在武术方面很有名，同时也是著名的骨伤科专家，郑怀贤教授就是其中之一。不过遗憾的是，郑怀贤教授传授弟子技艺时基本上是武术、医学分开进行的，没有将其"武医结合"的特色延续下来。郑怀贤教授离开我们已经三十余年了，但他高超的武艺和精湛的医术依然能得以流传。郑老自幼就接受"武医结合"的教诲，又经过自己的潜心研究，自成体系，创立中国运动创伤学，又留下众多经典独特的武术套路。郑老"武医结合"的一生历经"起承转合"，终为后世武术届与骨伤科都留下了浓墨重彩的一笔。

参考文献

[1] 汪静. 运动医学专家郑怀贤的成就与贡献[J], 兰台纵横, 2014（2）.

[2] 旷文楠. 武林大家郑怀贤[J]. 中华武术, 1996（7）.

[3] 柏昱. 绝技写春秋——著名武术家郑怀贤先生传略[J]. 体育文史, 1993（10）.

[4] 牟希瑾. 郑怀贤老师医德、医风拾零[J]. 成都体育学院学报, 1994（12）.

[5] 冉德洲. 初探郑怀贤教授对伤科中药的贡献[J]. 成都体育学院学报, 1994（1）.

[6] 张先发, 叶守贞. 郑怀贤教授学术体系形成的初步探讨[J]. 成都体育学院学报, 1994（1）.

[7] 彭程. 武医结合之我见[J]. 武当武话, 2003（4）.

[8] 肖志鹏. 武术与中医[J]. 井冈山师范学院学报, 2001（5）.

[9] 蒋国雄. 试论中华武术与祖国医学的理论渊源[J]. 湖北体育科技, 2005（3）.

[10] 杨小龙, 刘小斌, 刘春风. 武术理论对道家中医理论的吸收[J]. 解放军体育学院学报, 2002（4）.

传承与发展：郑怀贤武学思想

应 磊

【摘 要】文章运用文献资料法、逻辑分析法等研究法方法并结合口述史的研究形式，对郑怀贤教授的武学思想进行了梳理，分析了郑怀贤武学思想的传承路径，并提出了以武术技术、教书育人、创新观念三个方面为抓手，发扬光大，突显出成都体育学院的办学优势和特色。

【关键词】郑怀贤；武学思想；传承

【前 言】郑怀贤是中国著名武术技击家、教育家、骨伤科专家、成都体育学院教授，原国家武术协会第三届主席，是中华人民共和国武术运动的开拓者和奠基人之一。郑怀贤一直从事武术教学、科研与管理工作，并结合自身特长创办全国首个运动医学系，是武医结合走向高校、走向正规化的"第一人"，郑怀贤曾担任成都体育学院武术教研室主任、体育学院附属医院院长等职，为武术教育事业呕心沥血，把自己的毕生精力献给了我国的教育事业，为成都体育学院增添了两朵"金花"。郑怀贤武学思想的形成，经历了一个长期复杂的历史过程。在这个过程中发生的每一件事情，都有可能影响郑怀贤武学思想的最终形成，如郑怀贤少年时期的拜师学艺历程，尤其是拜在孙禄堂的门下的经历，再如代表中国参加柏林奥运会时的点滴事件都是萌生了郑怀贤武学思想。理清思路，梳理郑怀贤武学思想，并将其传承、发展是成都体育学院武术与医学立足之本、发展之根。

1 "武医同根同理"的郑怀贤武学思想

中华武术与中医学同根于中华传统文化，有着共同的哲学方法论基础。道家思想、阴阳五行共为中华武术和中医学的立身之本，武医同根同理。宋明理学的代表人物朱熹在《周易本义》中讲述道："立天之道，曰阴与阳；

立地之道，曰柔与刚；立人之道，曰仁与义。"并阐释周易"是故易有太极，是生两仪，两仪生四象，四象生八卦，八卦应万物。"象形会意，虽有太极拳、形意拳、八卦掌、八极拳等拳术形势名称之异，而理则一。拳道即天道，天道即人道。《周易》称"一阴一阳之谓道"。中医由阴阳统辖寒热、虚实、表里，武术由阴阳派生刚柔、动静、虚实。"道是一切现象背后活动的大原理，是使各种形式的生命兴起的、抽象的大原理……它是物的原始，同时也是一切生命所显示的形式最后还原的原理"（林语堂）。

自古习武之人，多谙医术。至少在有史可查的近现代史上，不管是人物纪事或是历代著述，都体现出两者的互参共荣，也就是相互融合、渗透，又共同丰富、发展。中国近现代涌现出的许多武术大家同时也是疗伤高手或是救死扶伤的名医。与郑怀贤教授同时代的万籁声、王子平、吕紫剑、杨天鹏等不仅是名扬天下的武术家，也是各具特色的跌打损伤专家。郑怀贤及其师父孙禄堂、万籁声、"关东大侠"杜心武、"长江大侠"吕紫剑也都习武行医一生。曾任第一届中国武术协会副主席的王子平，有"神力千斤王"之称，不仅是近代弹腿名家，又是一个著名的伤科医生，撰有《拳术二十法》、创编"祛病延年二十势"。万籁声也著有《武术汇宗》和《中国伤科》等。

作为原中国武术协会第三届主席的郑怀贤教授生前除了为武术事业的发展呕心沥血，还在中医伤科方面造诣颇深，主持和编著出版了《正骨学》《伤科诊疗》《实用伤科方药与方剂》《运动创伤学》等骨伤科专著10余部，约200万字。郑氏按摩技法中不仅有源自于武术技法中的"摇晃""揉捏""拿法"等手法，更在施用手法操作时，强调"手、眼、身、法、步"的用力技巧。另一方面，郑怀贤教授重视阴阳调和、刚柔相济的练武行医共同的行为准则。

2 郑怀贤武学思想的传承路径

2.1 学院办学特色中传承"武医结合"

郑怀贤在武术界享有圣望，在中医骨伤科界也有极高的声誉，被后人尊称为"武医宗师"。1956年，由于国家体育主管部门开展"反真功夫运动"，研究技击术及其教学已无相应的环境。于是在这一环境下，郑怀贤把研究的重点转到体育医疗保健方面。1958年，郑怀贤创建了成都体育学院附属医院，亲自担任院长，先后达23年之久。1960年，郑怀贤又创办了运动保健系和运动医学研究室，担任主任一职。他对中医骨伤科造诣很深，人称"骨伤圣手"，其治疗手段疗效甚佳。据说治疗急性腰损伤患者时，只需片刻功夫，就可使背进来的病员恢复如初，自己走出去。再如难治之症——痛风，经其辨证施治，运用"加味舒活酒"，外敷"二妙散"，内服"三妙丸"，患者很快能恢复。他还创制了"指针经穴按摩"，并摸索出55个有效治疗穴位。1957年郑怀贤曾为贺龙元帅治疗右手拇指损伤，并在1964年为周恩来总理治疗右手陈旧损伤。贺龙元帅曾赞誉武术与医学为"成都体院两支花"，从中显现出郑怀贤鲜明的特色。

2.2 武术系传承"郑怀贤武学"思想

2.2.1 人才培养中传承"郑怀贤武学"的校本特色

成都体育学院武术系在长期的建设发展中根据学院发展定位和社会对人才培养的需求，坚持并发展"以武传文、武医结合、武舞渗透、竞教相促"的专业特色，努力提高民族传统体育专业人才的培养质量，50余年来所培养的本科生、研究生遍及全国各省、市、自治区，成为民族传统体育教学训练、科研和管理等方面的骨干力量。为我国教育事业和民族传统体育事业的发展做出了积极的贡献。直到现在，成都体育学院在人才培养的过程中也一直传承着郑老先生的一贯严谨的治学态度，提出了"能打、善练、精养生"的培养目标。

2.2.2 学科建设上传承"郑怀贤武学"精髓

成都体育学院武术系组织全系教师收集、整理并编写了《郑怀贤武术丛书》，以此纪念和缅怀郑怀贤先生，并为了更好地传承郑怀贤先生等一批成都体育学院老一辈武术家的精华和专长。此丛书的撰写工作在学院领导的大力支持下进行，武术系紧抓主线，先后多次召开了郑怀贤武学思想研讨会，并邀请国内外知名专家和学者进行研讨，确定了武术系在学科建设上的一个研究方向，以此作为成都体育学院武术系学科建设方面在全国体育院校武术院系独树一帜的学科发展方向。

2.2.3 教学、训练上将"郑怀贤武学"对接地气

成都体育学院武术系在教学大纲的制订上，将郑怀贤先生所擅长的武术套路贯穿到日常的教学内容中，如郑怀贤先生所传的八卦掌、形意拳均源自孙氏太极拳孙禄堂先生，以及在郑老先创新发展理念的指导下，创编的三人对练、双手夺枪、三人对棍等，这些套路较好地保留了中国传统武术的风格与特点，将这些保存较好的武术套路传授给学生，再由学生传学生，让更多的人学会、练好有中国传统特点的武术，完成郑老先生的遗愿，也充分发挥了武术系传承"郑怀贤武学"的价值与作用。

3 "郑怀贤武学研究所"成立后的发展

2016年4月6日，成都体育学院举行了隆重的"郑怀贤武学研究所"成立揭牌仪式。这标志着郑氏武学已经不仅仅是武术技术、教育层面的成果，它更是民族文化的宝藏。在充分发掘郑氏武学武术领域精髓的前提下，进而将郑氏武学打造成弘扬民族文化，促进群众身心健康的财富。

3.1 武术技术的传承

郑怀贤武学内容丰富、风格独特，挖掘、整理、继承和发展是成体人的使命。在由武术系教师集体编写，现已出版的《郑怀贤武术丛书》的基础上，加大力度、潜心学习、落实到人，进一步挖掘、整理，把郑老先生武术技术的精华保存下来，传承郑老先生的经典套路。

3.2 教书育人的传承

郑怀贤教授不仅是武术家，更是教育家。郑怀贤的技术教学是外在的严谨体现，俗话说"一年之计在于春，一日之计在于晨"，早晨的训练尤为重要，郑怀贤在教学当中依然保留这一传统，即保持晨练，对待技术训练要求非常严格，从训练的时间和强度分析，到对待武术技术训练都严格要求。在教学过程中严格要求技术是郑怀贤武术教学的独特风格，对待武术不仅强调武术的本源化，还要讲求武术的整体观。非常注重武术的本质技击，要求打、练结合不忘本源；他还讲攻防意义，也就是实战；他讲擒拿时很讲究方法。要求眼到手到，他很讲究完整化，精、神、气、力、攻都很讲究，要求比较完美。"他教这个动作，精、神、气、力、攻，就是非常

严谨，动作到位，精神到位，劲力到位，就讲究这些，他比较重视攻防。郑老师说，练功不练法，出手被人拿，要求严谨就是强调规范（叶道青口述）。"

郑怀贤在教学过程中采用启发式教育，针对不同对象、不同年龄、不同条件、应用不同的语言进行诱导，在保留优良的传统教育方式的同时也吸取了现代西方教育模式。在教学用语上讲求用词的独到性及完整性，用词非常的精炼"一是看形体，然后从外到内，再从内到外，眼睛神的走向都清清楚楚（郭洪海口述）。"

从以上的口述调查中，我们可以得知郑老先生对工作的一丝不苟，对武术教学严格要求，因此要把郑怀贤教书育人的态度传承给每一位成体人，使之受益终身。

3.3 创新观念的传承

创新是一个民族进步的灵魂，是一个国家兴旺发达的不竭动力。郑怀贤一直从事武术教学、科研与管理，并结合自身特长创办全国首个运动医学系，是武医结合走向高校、走向正规化的"第一人"。

郑怀贤的教育思想影响了一代又一代教师的思想，教导学生要敢于尝试创新，只有创新才有发展，武术事业的发展吻合了郑怀贤的教学思想，继承前人的基础上创新。郭洪海老师受郑怀贤的教育思想的影响在原来的基础上也进行了创新，成为打破传统武术的观念开创了我国"旋子转体360"的"第一人"。

从以上两个事例可以看出，郑老先生将自我创新与实践相结合，打破传统观念，影响着后来人。我们应紧抓时代变化、与时俱进、将继承与创新结合，进一步挖掘和弘扬以郑怀贤为代表的老一辈武术家的武学思想和技术体系，使郑怀贤武学思想发扬光大，凸显成都体院学院的办学优势和特色。

参考文献

[1] 张耀红,侯乐荣.郑怀贤"武医结合"伤科学术思想的整理与思考[J].成都体育学院学报，2016，42（2）：98-102.

[2] 温佐惠. 飞叉[M]. 北京：人民体育出版社，2012.

[3] 张先发，叶守贞. 郑怀贤教授学术体系形成的初步探讨[J]. 成都体育学院学报，1994，20（1）：1-5.

[4] 扈克文. 郑怀贤学术思想在市场经济中的价值[J]. 成都体育学院学报，1994，20（1）：45-47.

[5] 邢照利. 郑怀贤武术教育思想的口述史研究[D]. 硕士毕业论文，2013.

从行为指引到思想教化的演变

——基于规训视角审视武术文化

张秋平

【摘　要】文章以规训理论作为研究视角,对武术文化在人的行为指引与思想教化两个方面进行思考与探索,以武术之体育、武术之武术和武术之文化三个方面为切入点,详尽阐述与分析武术文化对人身体与思维潜移默化的规训作用。认为:福柯的规训理论让我们再次思考了何为武术文化,进而搭建了武术文化的认知框架,逐渐理解和明晰武术文化最初并不是以"文化"的形态出现在人们的视野中,而是以具体、直观、易理解的形式呈现的。因此,本文将"武术之体育"作为探讨武术文化的逻辑起点,探讨武术逐步由"体育"向"武术"过渡,进一步由"武术"上升到"文化"层面的探讨与思考,力求实现"体育武术"到"文化武术"的平稳过渡,进而以全面细微的视角,审视武术文化对人的行为实践与思想递增式的教化过程,更深入地思考武术文化对人的影响与教化,以及人们对武术文化的理解和认同。

【关键词】武术文化;行为指引;思想教化;规训;认同

【前　言】武术文化作为思想教化的主体,对于人们行为习惯的形成和思想教化的深入具有重要意义。近年来,随着社会经济水平的不断发展与提升,"文化"一词的探讨与思考热潮久涨不退,一方面显示了人们对"文化"的认识高度有所提升,另一方面反映了"文化"对于一个民族、一个群体、一个个体代表性形象的塑造,具备不可替代的功能。从某种程度上而言,武术的基本属性被定位为"体育",其由来源远流长,可追溯至民国时期中央国术馆的建立。但"体育"仅仅是武术在适应时代需要时作出的调整之一，而回归武术的武术、回归文化的武术才是武术存在和持续发展的归宿。

1 武术之体育

"武术"走向"体育"，是武术被大众了解和认识的第一阶段。民国时期在中央国术馆成立之初，武术的传播与发展借鉴了西方体育的运行模式，以"体育"的运行模式发展武术。张之江指出，"若提倡国术而不使之竞技化，则此种单纯之演习，既乏攻守之经验，无裨自卫之实用。"[1]武术的推广与发展借助西方竞技体育的传播模式，使单练与对练互相结合，丰富了武术的呈现形式。体育化的武术拓宽了人们锻炼身体的渠道，有助于人们更直观地理解武术。而武术走向体育化，"无论武术与体育的'有似'还是'不似'，都是武术现代生存的合法性出现了危机之后的现代论证"[2]。武术的体育化，不论是以丰富武术传播模式为初衷，还是由于在文化多元化的背景下，为适应时代需要而做出的既定调整，均在一定程度上扩大了武术的认知群体，也为武术对人们行为和思想的规训奠定了坚实的群众基础。

武术作为一种动态的身体文化，本身并不具备"体育"这一属性，"体育"作为舶来词，更多的带有域外的文化特色。武术借鉴体育化的"高、难、新、美"特点，在发展过程中逐渐出现了竞技武术与传统武术两条线，竞技武术追求动作的舒展大方，讲究一招一式，而传统武术的特点则主要是"无中生有、无招胜有招"。基于人们对武术最初的认识，仍是以"体育化武术"的视角，认为"各种运动虽可以健身，但是都不如国术那么适合中国现状和经济状况，不如武术既可健身，还可自卫"。[3]而武术的本质属性是行为指引、身体教化和思想规训，但身体的规训是思想规训的前提和基础，福柯在《规训与惩罚》中提出，"肉体是驯顺的，可以被驾驭、使用、改造和改善的。"[4]通过体育之武术促使习练武术者或武术爱好者，首先从肉体进行锻炼和塑造，为武术之武术的发展历程铺垫基石。

2 武术之武术

2.1 从技术学习到情感塑造

"武术之体育"通过体育的方式，以感性的身体活动形式，对习练者的躯体进行了一个初步的锻炼和塑造，重要的是使习武者对武术有一个初步的了解，并参与武术习练的实践活动中，为人们对"武术之武术"进行更深层次的认识和分析奠定坚实的基础。一般而言，"对传统武术习练者来说，在习练武术的过程中只有慢慢培养起了一种对内气与内劲的感受，才能说自己对自己身体拥有了较为充分的辅助觉知。"[5]若要使习练者对武术有一个较为明晰的认识和深刻的认同，就须从体育的视角逐渐转向武术的视角，以武术之武术作为学习的初衷，通过身体的运动轨迹，感受武术使自身身体产生的内在变化。

对武术技术动作的学习是了解武术文化的起点，由"武术之体育"逐渐过渡到"武术之武术"，这一行为已不再是简单地以身体锻炼为目的。通过对武术技术动作的初步了解和体悟，对于"武术技术动作本身不再局限于简单的'形似'，不再局限于直白的'象形'，不再局限于对技击动作的纯客观模仿，而是在立足于'象'的基础上，追求对格斗动态、气势和氛围的再现，其发生和发展始终以动作的技击性作为主线一脉相承。"[6]基于某种视角，对于武术技术动作的学习旨在参证"本体"，探寻其内隐文化，汲取一种能激发人生向上的内在精神动源。譬如对太极拳的学习，起初是以学习单一的技术动作为主，在不断地摸索和训练中熟悉动作路线，随着基本动作的熟练，习练者便逐渐转向对技术动作进行斟酌和研究。在技术动作的研究中加入个人的思考和情感，比如为何"抱球"是阴阳掌，五指自然张开到什么程度，"外示安逸内隐古荡"是何种感受，展现给武术观看者是何种场景等。

身体是武术技术动作的实体承担者，通过自身身体的体验与感悟，逐步了解武术技术动作内含的文化要素。由身体锻炼到技术体验再到文化感悟的逐层提高和深入，使习武者的身体形态出现显著变化，并逐渐被规约于"武术之武术"的涵化范围内。除此之外，武术习练者在技术动作的演练中，对武术观赏者也具有潜移默化的影响作用。"对于观看武术的人而言，需要根据所看到的动作、场景，凭借自己的想象去感同身受，填补技术动作之外的那份空白，感受演练者的动作所要表达的与传递的那份技击意念与内涵。"[7]武术对人的教化，乃是对人的精神层次展开的倾注与涵化，从而塑造一个具有武术属性的情感空间，为"武术之武术"对人们行为实践的指引构建精神基础和情感铺垫。

2.2 于情感塑造到行为指引

"符号的能力并不仅仅在于符号本身,而更在于它的意义。因为,一个符号具有其自身之外的隐喻的意义。"[8]武术作为中国文化的符号代表,彰显的是中华民族的行为习惯和生活方式。习武者历经对武术由发现式直觉到顿悟式直觉的认识,"发现式直觉主要指对武术技术外部价值的认识,顿悟式直觉是内隐的中国武术的更高层面。"[9]通过对武术技术动作的练习,首先具备对武术表层技术清晰、立体和多维的框架构建。通过基础信息的铺垫,在发现式直觉的引导下,进入顿武式直觉的层面,于实践行为中体现武术对习武者处事能力与行为方式的引导和规训。

武术在向我们解读技击格斗信息之时,也从另一个角度彰显了人之相处时应"点到为止"与"以和为贵"的特点。武术自始至终,从形似到神似,均体现了一种对生命的尊重与敬仰,但它的呈现形式与常人所思有显著区别。使武术习练者在行为实践中逐步发生改变,并对自身行为产生明显的规训作用,在事情的处理中学会从他人的角度出发,权衡自身行为实践的可行性。如《叶问》电影中的主人公叶问,作为一位武术世家,具有高超的技术水平,但他在接受外国人挑战时,显得心平气和、从容淡定,演绎了作为武术习练者应呈现的心理素质。在交战过程中,叶问多以"守"为主,在对手步步紧逼的情形下,转守为攻,发挥自己的真实水平,但在对手无还手之力时他停住了自己的最后一拳。此类现象虽不能全权代表"武术之武术"对人行为、处事风格的规训与影响,但却是宣扬方式之一。旨在引发习武者或观赏者对武术本质的思考,武术不仅仅是技术的武术,更是文化的武术。

武术作为抽象文化载体的形式出现,阐释了武术内隐文化对习练者行为方式和品质培养全面的教化,从而达到获取一种新的、创新性品质的目的。"武术之武术"本着"以人为本""以人为目的"的规约性,对当下以人为中心的教育现象给予了启发和警醒。福柯认为,"驯服性的控制不是把人当做似乎不可分割的整体来对待,而是'零碎敲打'的分别处理,对它施加微妙的强制,利用机制上——运动、姿势、态度、速度来掌握它。"[10]

人作为一个生物个体，其个性品质和行为实践的定型受多维因素的影响。武术将人分割为体育人、武术人和文化传播载体三部分，通过由浅入深，层层递进的教化、融渗，对人进行教化和重新塑造。其中所归属的教化意义为当代教育奠定了哲学基础，也为武术群体的扩大奠定了坚实的实践基础。从某种角度而言，"武术之武术"对当下的教育或许可以起到一种补救的作用。因此，作为武术习练者，应通过对武术技术的习练，承担"武术回归武术"的积极传播者，复苏武术的历史性、实效性和久远性特点。

3 武术之文化

3.1 接受与认同

"文化是一种积淀，武术内涵从技术到文化的丰富就是这样一个复杂的社会涵化过程。"[11]人对某一事物的接受和认可，同武术内涵从技术到文化的丰富过程一样，均有一个递进的过程。长期以来，我们将武术的特性定位于文化属性，常常以"丰富的文化内涵"来褒扬武术，阐释它存在的理由和意义，谈及武术的文化性时，便极力推介武术对人的教化作用。此种对武术的解读定势，已成为武术传播传承的一种学理习惯。但人对武术的了解从体育性到武术性再上升到文化性认知时，便更进一步地促进了文化的回归与再发展。"中国武术发展的'文化回归'，就是要促成武术发展进程中'体育武术'向'文化武术'的转变。"[12]如此层层递进地对武术文化进行挖掘和整理，使大众更易于接受武术及其中内隐的文化元素，同时也可扩大武术文化的传播范围和传播空间。

在帕森斯看来，"人格系统的基本单位是个体行动者。帕森斯认为，人们将社会价值观内化为个人的价值观，也就是说，人们通过向社会系统中的其他人学习，将文化系统中的社会价值转化为个人的价值观。通过不断地了解社会对他们的角色期待，从而不断地转变成社会活动中的完全参与者。"[13]如何将身体运动转化为一种认知方式，使习武者对武术的认知逐渐由"概念认知"转化为"形象认知"，复苏武术的历史性、实效性和久远性功能，是武术之文化应承担的责任与义务。武术的历史性主要指武术在传承过程中继承的具有实践意义的研究与探索成果，对习武者的行为实践具有指导性作用的文化要素，武术的实效性指武术在发挥体育功能时对习练者身体机能的锻炼，在其发挥武术功能时使习练者对武术技艺有更深层次的理解。而武术的历史性主要指习练者在不断地学习与体悟过程中，接受武术对人价值观的教化和角色扮演的期待，让自身并转化为武术活动的完全参与者。

3.2 内化和传承

人对于某事物的认同和内化是建立在直观感触的基础之上，但对于事物本质属性的认知和把握，需经历长久的浸染和身体感悟，在感受该事物的存在状态的过程中，理解该事物想要表达的本质。因此，在文化多元化背景下的武术文化，多种文化相互碰撞，偶尔会产生冲击，对本土的传统武术文化在人们心中的稳固地位造成一定的影响。但科塞认为："外部冲突能加强群体凝聚力。与强大的、具有否定意义的参照群体相比较，能使得群体成员意识到他们自己的身份，也提高他们的参与性。"[14]因此，经历了对武术前两个层面（武术之体育、武术之武术）的认知和探索，更能够理解作为中华文明代表的，描绘着中国人生活方式的武术文化，在外部环境发生强大冲击时，更能加强群体的凝聚力，使各成员对本民族的文化有一个清醒的认识。

经过上述的分析与阐释，文章认为武术一方面履行了强身健体的体育职能，另一方面发挥了其对人们行为和思想的规训职能。由此可见，强身只是方式，强心才是落脚点。对于一个名副其实的习武者来说，体强不为强，心强才是真正的强者。通过对武术由"武术之体育""武术之武术"和"武术之文化"的逐层规训，使习武者逐渐习得一身融真、善、美于一体的健硕人格。因此，武术丰富的文化内涵在被理解和被接受后，更凸显了其规范个体人生的标尺和镜子的作用。外围冲突只是建立群体文化认同的基本因素，科塞等学者认为，冲突能引起阶级的自我觉醒。在社会系统内，文化冲突有助于明确群体之间的界限，加强群体的文化独立意识，因此应在系统内建立群体传播机制，稳固武术文化的传播和传承体系，增强域外文化冲击的抵抗力，保持自身独特的文化特性。

4 结语

"伴随着经济发展和政治上的和平崛起，中国在经历一个普遍性的"文化自觉"过程，对内摆脱"文化褪色"的阴影，对外抵制"文化新殖民"，培育"文化抗体"，建构新的文化主体。"[15]文化自觉的前提是文化认同，文化认同的基础是文化对文化载体的改造与规训。"文化认同首先是对自身的认同，由此滋生对他人他物的认同，因此，文化认同亦可分为自我认同和对其他文化认同。"[16]肯定本民族内的文化元素，才为接纳、改造和吸收域外文化奠定前提和基础。文化的多元发展为各文化的发展提供了多样的契机，使文化本身可选择多重的文化载体。武术作为一种高度程式化的运动形式，在通过对人的"体育"锻炼过程，"武术"对人的指引和教化作用，"文化"对人的规训过程，能够使人们更清晰地体会和领悟武术内涵的文化元素，扩大武术及其文化的认同群体，为武术的更好传播与传承奠定稳固的基础。

参考文献

[1] 国家体委武术研究院. 中国武术史[M]. 北京：人民体育出版社，1997.

[2] 戴国斌. 武术：身体的文化[M]. 北京：人民体育出版社，2011.

[3] 米歇尔·福柯. 规训与惩罚[M]. 北京：生活·读书·新知三联书店，2004.

[4] 涂琳琳. 对武术"口传心授"的重释及其时代意义探析[J]. 西安体育学院学报，2016，33（2）：209.

[5] 王岗. 中国武术技术要义[M]. 山西科学技术出版社，2009.

[6] 石福祁. 略论卡西尔符号概念的自然科学来源[J]. 江苏社会科学，2009（2）：46-50.

[7] 王岗. 顿悟的中国武术[J]. 搏击武术科学，2005（12）：1.

[8] 米歇尔·福柯. 规训与惩罚[M]，刘北成、杨远婴译. 北京：生活·读书·新知三联书店，2004.

[9] 陈振勇. 从布迪厄的"文化资本"审视武术文化的继承与发展[J]. 成都体育学院学报，2007，33（3）：17.

[10] 王岗，张大志. 从"体育"走向"文化"：中国武术当代发展的必然选择[J]. 成都体育学院学报，2013，39（6）：6.

[11] 鲁思·华莱士,艾莉森·沃尔夫. 当代社会学理论[M]. 中国人民出版社,2008.

[12] 姜飞. 传播与文化[M]. 中国传媒大学出版社,2011.

[13] 陈振勇. 少数民族体育文化促进民族关系和谐的理论与实践研究[M]. 中国广播影视出版社,2015.

武术（太极拳）在东南亚、南亚推广过程中的标准化研究

赵静冬　郑玲玲　刘震东

【摘　要】太极拳的标准化进程在东南亚、南亚的推广过程中具有不可忽视的巨大价值，想要更好地推动太极拳在东南亚、南亚国家的普及，实施标准化势在必行。同时在实施标准化的过程中，要注意对太极拳本身文化内涵，太极拳竞赛内容和规则进行规范化，制定科学合理的规范制度，保证太极拳在东南亚、南亚的推广向着科学化、规范化的方向前进。

【关键词】太极拳；标准化；东南亚；南亚；推广

【前　言】2011年中国武术协会主席高小军提出："标准化是武术发展的重要基础，标准化对于武术业务和武术市场开发都是非常重要的条件。"[1]武术的标准化是推动中华武术文化繁荣的重要举措，武术标准化的提出为太极拳在东南亚、南亚的推广指明了方向，标准化关于武术事业的兴衰，更关乎国家大战略的实施。在进一步推动太极拳在东南亚、南亚传播的同时构建太极拳新形象，为太极拳的传播与普及奠定基础。

近年来，太极拳在东南亚、南亚得到了迅速发展，各种武术赛事也相继举办。太极拳已发展成为东南亚南亚运动会的正式比赛项目，受到了东南亚、南亚各国人民的喜爱。2016年4月在契合国家"一带一路"战略和云南省面向南亚、东南亚辐射中心的大背景下，在云南省委省政府批准下，云南民族大学成立了国际太极学院，该学院的成立为积极探索太极拳专业人才的规范化培养和太极拳的国际化传播途径，为培养复合型的和具有国际视野、系统思维的太极拳人才打下坚实基础。特别是当前太极拳在东南亚、南亚的推广不断得到深化，太极拳的标准化建设迫在眉睫，促进

太极拳规范化管理，开辟了太极拳面向东南亚、南亚合作交流的新要求，也是国家一带一路建设下，中华传统文化对外推广建设中需要面临的重大改革。然而太极拳在东南亚、南亚国家前期的发展过于注重太极拳技术水平的提高，太极拳的理论文化内涵的发展慢于技术实践的发展，太极拳所蕴含的阴阳哲理在东南亚、南亚国家民众间的推广并不理想，想要保持太极拳发展态势，就必须站在民族文化发展的层面去弘扬太极拳，太极拳标准化的提出将是当下太极拳在东南亚、南亚推广过程中重要一环。

1 实施标准化的必要性

1.1 太极拳标准化有助于贯彻国家"一带一路"政策的实施

"一带一路"国家政策给太极拳在东南亚、南亚的传播提供了一个适宜平台，我们要充分发挥太极拳的作用，为国家建设服务。太极拳对东南亚、南亚的推广是一个及其艰辛的过程，对于东南亚、南亚的民众来说太极拳是神秘莫测的。因此太极拳需要寻找一种易于大众接受的方式，标准化就是在对太极拳进行规范的基础上做到使其简单易懂。并且融入太极拳阴阳五行哲学等中华文化，将会加速太极拳融入当地社会进度，保证太极拳服务于国家软实力建设。

1.2 太极拳标准化有助于加大武术在东南亚、南亚的推广与传播力度

太极拳始终代表着中华文化最核心的哲学思想，在展现国家形象，提升国家软实力方面有着得天独厚的优势。为贯彻落实国家"一带一路"战略，促进云南省文化辐射东南亚、南亚奠定了基础。当前太极拳在东南亚、南亚国家的发展存在着百家争鸣的现象，影响了民众对太极拳的接受程度，制定太极拳的标准化推广策略，将有助于统一规模，减少冲突，加大太极拳在东南亚、南亚的传播与推广力度。

1.3 太极拳标准化有助于加深东南亚、南亚国家民众的认可度

随着国家"一带一路"建设的不断更进，东南亚、南亚地区民众对中华文化的认识也不断加深，太极拳作为低成本、高效率的运动形式，所追求的就是人与自然的和谐统一，充分体现了中华文化的独特魅力。在国家与东南亚、南亚的战略合作不断加深的背景下，太极拳所蕴含的独特养生

属性也正好契合了东南亚、南亚民众的需求，为深入了解中华传统文化提供了一个切入点。

1.4 太极拳标准化有助于太极拳赛事规则的制定

赛事是技术发展的方向，技术的发展又不断完善竞赛规则的制定，东南亚、南亚太极拳赛事中规则的制定依托于太极拳标准化建设，制定太极拳行之有效的评价标准和赛事组织流程标准，将对组建太极拳高水平参赛队伍，保证赛事公平、公正具有促进作用，同时将极大程度地促进东南亚、南亚国家太极拳赛事活动的举办。

2 太极拳在东南亚、南亚的标准化建设可行性分析

2.1 东南亚、南亚各国不断加大对太极拳的重视程度

随着"一带一路"国家战略的不断推进，我国对东南亚、南亚国家在基础建设上加以支持，为东南亚、南亚国家的基础设施建设做出了积极贡献，东南亚、南亚各国政府在积极响应我国政府号召的同时加大了对中国传统文化传播的重视，为中国文化的推广提供了相应的政策保障。因此太极拳的推广必须在东南亚、南亚制定标准化制度，符合东南亚、南亚国家的政策，符合太极拳在东南亚、南亚的发展方向。

2.2 国家战略的发展为东南亚、南亚标准化建设提供了良好的外部环境

当前国家战略发展需要太极拳实行标准化建设，政府组织也提出太极拳标准化建设在东南亚、南亚推广的重要性，自 2016 年中国政府提出共建"一带一路"的倡议得到了东南亚、南亚各国的积极响应，随着国家战略重心的转移，云南从西南边疆转变为国家的战略前沿，为太极面向东南亚、南亚传播与推广提供了崭新的平台。国家体育总局武术协会也一直致力于武术在东南亚、南亚的推广，不断推进太极拳的标准化建设。政府及各个武术研究机构对武术（太极拳）的标准化极其重视，为太极拳在东南亚、南亚的标准化推广创建了良好的外部环境。

2.3 云南与东南亚、南亚国家的文化互补性强、区位优势明显

东南亚、南亚国家多数与我国接壤，文化认同感强，同中国无论在生

活、文化、历史上都有着千丝万缕的关系。2009年我国提出"高铁走出去"战略，使得我们与东南亚、南亚国家之间的关系更加密切，交通更加便捷，加速了太极拳的标准化建设，使之更容易被东南亚、南亚国家民众接受，也更方便与该地区文化契合，通过太极拳的标准化建设推动太极拳在东南亚、南亚的快速发展，推动中华传统文化走出去。

2.4 东南亚、南亚众多的优秀民族项目的标准化成功经验为太极拳标准化建设提供借鉴

在东南亚、南亚国家，每个国家、地区的武术项目有着自己独特的标准化训练内容、评价体系，可以为太极拳训练、评价体系的标准化建设提供参考，在印度、泰国、缅甸、越南等国家都有相应民族项目标准化的实践经验，如瑜伽的推广——2015年5月在李克强总理和印度莫迪总理共同见证下，云南民族大学与印度文化关系委员会正式签署共建中印瑜伽学院的合作备忘录，6月云南民族大学成立了首个中印瑜伽学院。开辟了中印文化合作新平台。中印瑜伽学院在成都体育学院的成立为太极拳在东南亚、南亚的标准化建设提供了借鉴。

2.5 云南民族大学与东南亚、南亚地区高校的多方合作机制为太极拳标准化提供优势平台

作为云南省政府批准的"云南省中国-东盟语言文化人才培养基地"的云南民族大学东南亚学院，目前已经开设了9个面向东南亚、南亚的小语种本科专业。与东南亚、南亚各国高校之间的合作共建经验成熟，与至少7个国家17所高校签署了合作交流协议及合作谅解备忘录，为太极拳在东南亚、南亚的标准化建设奠定了语言文化优势。2016年3月29日，云南民族大学成立的南亚东南亚国际传播学院也将是太极拳面向东南亚、南亚标准化建设的有力基础平台。同时2016年4月云南民族大学成立的国际太极学院正在深化与东南亚、南亚大学的合作，积极与印度辩喜瑜伽大学等三所大学商讨签署关于在印度创立太极学院的谅解备忘录，开辟了中印两国合作交流的新平台，为太极拳在东南亚、南亚推广的标准化建设提供了全方位的优势平台。

3 太极拳在东南亚、南亚的标准化策略

3.1 太极文化内涵的标准化

太极拳蕴含了丰富的中华传统文化精髓，但如此博大精深的文化内涵要想贯彻落实到东南亚、南亚各国，也存在着很多现实问题，既要做到涵盖中国传统文化精髓，又要做到简单、精确，要求较高的技术标准，这就要严格按照标准化的相关要求，做出详细的礼节、道德等方面的标准规则。目前太极拳在东南亚、南亚推广过程中往往忽略了文化内涵的推广，这就违背了太极拳对外推广的初衷。太极拳在东南亚、南亚的推广目的是让民众认识太极，接纳太极，因此，在太极拳的推广过程中，一定要对太极拳的文化内涵进行统一的规范，首先，太极拳的标准化要注重形神兼备，既要表现外在的美观，也要表现内在的含义，这也是太极拳与其他运动项目相区别的原因；其次太极拳标准化建设要遵循中华传统哲学的阴阳辩证思想；最后，太极拳的标准化的制定过程中要注重整个东南亚、南亚的文化习俗。

3.2 太极拳人才培养的标准化

太极拳在东南亚、南亚的标准化建设离不开太极拳人才的支持，就太极拳在东南亚、南亚推广的标准化过程中，在人才培养的层面上应注重培养技术与理论都优秀的全面人才。不仅要对武术的基本技术进行严格的标准化建设，还要注重中国传统文化的传播与推广的标准化建设。东南亚、南亚的民众对太极拳的认识还不是很深刻，往往觉得太极拳拳深奥难懂，这些不利的因素的存在更加坚定了我们进行武术标准化的立场。对于这种情况，政府应该提供足够的资金支持太极拳科研人员进行深入细致的研究，规范化的科研，挖掘太极拳理论中所反应的传统文化精髓，以提升太极拳人才培养的科学化水准，建立太极人才培养基地。太极拳在东南亚、南亚的推广更需要大量的人才参与，为太极拳的发展出谋划策。制定规范太极拳人才培养方针为确保太极拳在东南亚、南亚推广过程中的标准化实施，提供人才基础，影响和带动东南亚、南亚各大太极拳组织共同推进太极拳的普及。

3.3 太极拳竞赛内容的标准化

太极拳的历史悠久，内容复杂，现在光太极的主要流派就有五大流派，每个派系又有不同的拳术与器械、推手等。将所有的流派涵盖到一个比赛中，可行性不大，应该根据不同的风格、特点制定不同的比赛章程，如太极拳的竞赛项目设置及竞赛内容的标准化是太极拳在东南亚、南亚推广的当下急需要解决的问题。项目设置过于繁杂，不利于东南亚、南亚太极爱好者的学习、掌握，很难在东南亚、南亚推广。设置过于简单，不利于太极拳丰富文化内容的表现。太极拳在标准化过程中，对具体项目设置、动作细节等进一步进行标准化才能更好地在东南亚、南亚推广。太极拳作为面向东南亚、南亚推广中最为重要的部分，例如二十四式简化太极拳，就是对杨氏太极拳进行的标准化，目前二十四式太极拳在东南亚、南亚的学习情况还比较乐观，对太极拳的喜欢不只是因为它动作优美、简单，还因为太极拳中的中国传统文化及传统养生理念。对太极拳动作进行标准化主要是加强对太极文化的保留，毕竟太极拳是在中华传统文化滋润下成长起来的，要对太极拳标准化研究，就要对动作、神韵、音乐背景等多方面加以规范化。

3.4 太极拳推广套路的标准化

当前东南亚、南亚运动会上的太极拳项目，过分注重太极拳的竞技水准与现代体现难美性的体操等项目是否接近，而太极拳套路的推广不应该仅仅局限于技术的高难度，忽略了太极拳"技击"的本质属性及"阴阳五行"的文化特质，无论在训练或竞赛中都没有将它们体现出来，因此，太极拳标准化套路的设定应该更加注重太极拳内在的本质精髓。太极拳的套路的标准化应在尊重东南亚、南亚国家文化特点的基础上，参照《国际武术套路竞赛规则》中的太极拳套路的有关规定，创编出一套删繁就简、便于学习的标准化太极拳套路，对套路的结构、内容加以调整，鼓励个人对太极拳标准化套路的创新，在体现太极拳阴阳哲理的同时强化太极拳拳舒展柔美、实战技击的特点，可以适当加入一些京剧、杂技等与中华传统武术有关的项目进行整合创编。还可以在现有国内、国外标准化太极拳套路的基础上征集东南亚、南亚各国太极拳练习者的意见，集思广益，对太极拳进行再加工，强调太极拳的精、气、神，最终制定出面向东南亚、南亚国家的标准化内容的太极拳标准套路。

3.5 太极拳推广体系的标准化

太极拳在东南亚、南亚的推广仅仅依赖国家的支持，不可能走得更远。目前太极拳在东南亚、南亚的推广途径主要是国家武术协会、孔子学院、当地高校下设的特色课程及各地区民间武术组织，要充分发挥组织活动的灵活性，强化太极的宣传力度，标准化体系建设势在必行。太极拳在东南亚、南亚的推广主要是"引进来"和"走出去"。既要引进来，积极同东南亚、南亚太极拳组织合作交流，邀请东南亚、南亚太极拳代表团互访，并组织各种教练员培训办输送大量太极拳人才，也要走出去，召开新闻发布会，举办太极拳知识讲座，表演展示太极拳等方式加大太极拳的推广力度。积极与东南亚、南亚国家的政府、高校、太极拳组织讨论，制定标准化太极拳体系，规范"引进来""走出去"太极拳传播体系，充分发挥太极拳的多元功能。完整的太极拳标准化体系，将能有力地保证太极拳在东南亚、南亚的推广。

3.6 太极拳段位制建设的标准化

跆拳道的标准化成功建设是太极拳标准化需要借鉴的，跆拳道经过多年的发展，现在是全世界推崇的一项体育运动，完全形成了独立的国际组织和正规的国际比赛。跆拳道的级位的练习内容简单、易懂易学、划分较细能满足学员的成就感和进取心，跆拳道的这种严格的标准，简单易行的段位系统，成就了跆拳道享誉世界的成就。国家体育总局副局长肖天在中国武术协会召开的协会主席和秘书长会议上指出：武术的标准化与段位制的实施，是大势所趋，是武术适应时代发展的需要。因此太极拳在东南亚、南亚推广的标准化实施需要太极拳段位制的实施，为东南亚、南亚太极拳的爱好者提供了一个统一的评价标准，同时太极拳段位制的确立也为武德、技术等方面的规范化提供了理论依据。在标准化的要求下，完善太极拳段位制中存在的问题，在规范的基础上做到简单化。段位制的实施，首先要有统一的太极拳段位制的实施准则；其次要有统一的授予机制，在太极拳标准化势在必行的今天，需要对段位制的授予机制进行完善；最后对段位制的授予要严格把关，确保太极拳段位制度的规范性。

3.7 太极拳宣传方式的标准化

科学技术的不断进步，大众传播在信息传播中发挥着重要的作用，太极拳的传播的受众就是东南亚、南亚民众，为了太极拳更快的对外推广，作为大众传播的媒介，报纸、杂志、书籍、广播、电视等等也应理所当然地受到我们的重视，例如书籍，太极拳书籍是武术标准化推广过程中的重要载体，是太极拳走向规范化的重要保证，在互联网迅速发展的现代，网络也日益成为组织广泛使用的传播手段，我们要充分运用信息技术促进太极拳宣传方式的标准化进程，促进武术在东南亚、南亚的推广。要想太极拳在东南亚、南亚的传播方式更加趋于标准化，自然需要我们对传播手段进行规范。目前，在东南亚、南亚地区并没有普及度较高的太极拳教材及资料，没有一个标准模式，因此，太极拳在东南亚、南亚的标准化建设还需要做很多的工作，在对太极拳进行管理的同时要投入大量的物力、人力进行书籍、录像的整理出版，丰富太极拳内容形式，使太极拳向标准化方向发展。

4 结语

在"一带一路"国家战略和云南省面向东南亚、南亚辐射中心的大背景下，太极拳文化在东南亚、南亚国家的推广显得任重而道远，太极拳的标准化建设是其在东南亚、南亚推广过程中的必由之路。然而在推广的过程中，标准化建设仍然存在着许多的问题，主要体现在：东南亚、南亚民众对太极文化内涵的认同，缺少文化的核心竞争力，竞赛规则、内容、制度的标准化问题；礼仪、道德文化的不突出；宣传方式的缺乏标准性等，面对这些问题，我们要采取针对性的实施策略，强化太极拳在东南亚、南亚推广的标准化过程中的文化认同，形成中华民族独特的文化竞争力，扩大对东南亚、南亚国家的文化影响力，提高国家文化软实力。

参考文献

[1] 王霞光. 武术发展将推进标准化[N]. 人民日报, 2011-02-10.

[2] 王静.办好武术运动会加强标准化建设[N].中国体育报,2011.

[3] 郭玉成.中国武术传播论[M].上海:复旦大学出版社,2008.

[4] 陈蓓.中国武术标准化"探究"[J].武汉体育学院学报,2011(8).

[5] 郭玉成,康戈武.中国武术的"标准化"战略[J].武术科学,2009,6(12).

[6] 王国凡."标准化"视角下的竞技武术(套路)国际化发展的几点探讨[J].北京体育大学学报,2009(2).

[7] 高小军.重视前沿课题研究引领武术学科发展[J].体育文化导刊,2012(4):117.

郑怀贤武学：飞叉风采奥运行

周　充　邬建卫　王明建

【摘　要】文章运用了文献资料法、逻辑分析法和归纳总结法，以郑怀贤飞叉绝技为脉络，揭示了郑怀贤的求学路途和赴奥的历程。窥探了当时的江湖技术——飞叉在国内外的不同对待：国内视为有之不嫌多，无之不嫌少；国外却冷眼看国人。郑怀贤飞叉的出类拔萃，使得中华武魂响彻国外，飞叉的外传也使得郑怀贤的绝技得以面世，同时，从郑怀贤的飞叉风采中看到了中华武术的源远流长，其武术精神值得镜鉴。

【关键词】郑怀贤；武术；飞叉；国术

【前　言】郑怀贤，我国著名武术家、中医骨伤科专家，原中国武术协会主席，"武医结合"的双料泰斗。其一生集众多衔位，创造了武术文化的璀璨篇章，其三大绝技中的"飞叉"，诠释了中国武术的精髓与深奥，虽其人已逝，然其意犹存，文章通过对其飞叉外传经历的讲述以再现郑怀贤的飞叉风采和赴奥的辛酸。

1　飞叉求学路漫漫

郑怀贤（1897—1981），河北省白洋淀安新县安新镇人，一生中最珍视的三大技击绝艺是孙氏八卦拳、飞叉、擒拿。出生于农民世家的郑怀贤，少时求艺，有着鲜为人知的陈年旧疼，据记载：郑怀贤三岁丧母，八岁丧父。依靠兄长只读了四年私塾[1]。父母相继去世的打击使得"穷人的孩子必须早当家"，开始懂事的郑怀贤，11岁就跟着江湖人称"铁臂"的魏金山学习飞叉，据文献详载，"小怀贤正和伙伴们在一棵大树下聊天，一个胖乎乎的小孩说：'你们知道不知道，我家附近来了一个武艺高强的人，他力气特别大，玩起飞叉呼呼作响。'……只见那大汉收住拳脚，拿起地上的钢叉。

那钢叉像着了魔法似的在大汉身上上下旋转,并发出一圈光环,使人无法近前。突然,大汉将钢叉停住,然后用力往下一挥,钢叉纹丝不动地插在地上。"看到此景的小怀贤与小朋友们都惊呆了[2]。求学若渴的郑怀贤,以虔诚的求学态度打动了魏金山,又因郑怀贤天生聪慧,好动头脑,深得魏金山喜爱,魏金山也将其叉学精技悉数传给了郑怀贤。1924年,28岁的郑怀贤在魏金山的推荐下又拜孙禄堂为师,在太极、形意、八卦方面打下了坚实的基础,并进一步提高原来所学的擒拿、飞叉和戳脚翻子等方面的技艺。

图1 郑怀贤教授铜像

关于郑怀贤学叉的又一说则是:郑怀贤于1909年,跟新安号称"飞叉大王"的李洱庆学飞叉。郑怀贤跟着李洱庆学飞叉的同时,又兼学得一手接骨、捏腰好本领。历时七八载,他便已成为有名的"新飞叉大王"[3]。

纵观郑怀贤学叉师从各处,其主要脉络呈现出了郑怀贤具有丰富学叉的经历,从郑怀贤学叉的经历来看,势必经历"劳其筋骨、饿其体肤"的磨砺,外加社会环境和家庭现状的不景气,使得郑怀贤的求学漫路充满重重的艰辛与坎坷。

2 飞叉绝技风采

郑怀贤擅长练飞叉,其飞叉上镌刻着"神乎其技"四个字,这正是他武功技艺最为精辟的概括[4]。郑怀贤的飞叉绝技既沿袭了师父的风格,自己在演练中,也融入了自己的一些飞叉思想,据郑怀贤飞叉文字记载:"只见老人手持一把2米多长的飞叉,稍微运转了一下,便开始用手专供飞叉。接着将飞叉放在后背、胳膊上旋转。随着一声脆响,老人将旋转的飞叉高高抛向空中,飞叉竖直向上。眼看就要落在地上,老人迅速将飞叉稳稳地拿在手中，然后又将飞叉反转、背后抛、背后接，空中旋转、两手交叉旋转……装饰架桥等飞叉花样。"[5]郑怀贤的飞叉风采，仅仅局限于文字的记载，更深层次的精髓还未被发觉，遗憾的是，郑怀贤的飞叉绝技风采几乎不能再现，几乎失传。

图 2　郑怀贤飞叉表演

3　为国争光，赴奥运

"扬我国技于奥运，震惊洋人于武术"。1936 年，张之江、王子平、佟忠义等评选委员在选拔赛中，选出了郑怀贤、温敬铭、寇运兴、张文广、张尔鼎、金石生六名男运动员及傅淑云、翟涟源、刘玉华三名女运动员组成国术表演队，郑怀贤的飞叉项目则是在加试中选拔出来的。郑怀贤早在 1931 年任职上海永安公司、专职练飞叉时，就已经艺冠全上海[6]。在第 11 届奥运会上，郑怀贤等人更是在国外使武术能够扬眉吐气，使得洋人对国人刮目相看，此次奥运代表队比赛虽无突出成绩，但国技在奥运的表演中，得到了完美的演绎和诠释。实际上，此次国术表演队员历经了一波三折，才达到奥运表演的彼岸。

3.1　众志筹款赴奥运

郑怀贤一生时逢乱世，历经沧桑。时值外有列强瓜分、军阀混战、日本侵略，内有国共纷争，数不清的痛苦和磨难持续缠绕在中国这片饱经风霜的土地上，在经历了半个世纪的战乱之后，中国人民终于重新站了起来，建立了中华人民共和国[7]。而在这之前，中国国运低落，经济低迷，导致精心挑选的国术表演队这支浩浩荡荡的"大军"，竟连一名随从医生都聘不起。

郑怀贤和国术表演队在南京集训了 20 天后，为筹措经费，竟到南京大光明戏院卖艺，足球队也先期到东南亚国家表演募捐[8]。皇天不负有心人，经过众人的努力，最终于 1936 年 6 月 26 日，从上海踏上了前往奥运的征程，历经 28 天的舟车劳顿，终到目的地，经历长久的长途赶往，代表团的每个人都疲惫不堪，体质也受到了严重的影响，还受到了外国人的嘲笑。

图 2　1936 年赴柏林奥运会武术表演男子代表团（右二为郑怀贤教授）

3.2　好事多磨展宏图

代表团到达德国后，受到了众多的侮辱与讽刺，先是训练场地的简陋与洋人的讥讽，正如寇运兴道："咱中国就像手气的小媳妇，洋人处处瞧不起我们！"接着便是奥运比赛项目惨败后的冷落，就连国术表演队也受到了影响，被安排的地方无接送等。然而这些都不是阻碍武林中人的拦路虎，俗话说："好事多磨"，不经历风雨怎能见彩虹，这些待遇都不能使国术表演队为之屈服，武术的功用就是"劳其筋骨，磨其意志"。这些不公正的待遇是国术表演队的垫脚石，只能使得国术表演队的意志更加坚强，正是由于洋人的斜视，中华武术才通过在欧洲各地表演崭露头角，尽显雄风。

3.2.1　飞叉巡演振雄风

国术表演队在德国众多的地方进行了表演，较为有纪念价值的巡演（表 1）有：汉堡街道游行表演，汉堡动物园表演，露天剧场正式表演，遭受冷落后进行的表演和法兰克福、明兴等城市的表演，国术队的每次表演都引起了在场观众的轰动，郑怀贤通过表演飞叉，还获得汉堡市市长杯一只[9]。

汉堡街道游行表演，是国术表演队巡演的第一场，在受尽众多打击后的国术表演队，在表演场上一展雄风，使得各国都为中国国粹惊叹，在郑怀贤表演飞叉时，曾因观众的聚拢而中断，这其中包括了洋人对国术的好奇，有这样一段文献记载："这些外国人摸刀捏剑，哇啦哇啦齐声发问。前来担任翻译的中国留学生说：'他们问表演的是什么？'……郑怀贤急了，大声道：'就说这是中国人强身御敌练的'功夫'！'留学生叽里咕噜翻译过去，外国人才眉开眼笑地叫道：'好，好，中国功夫好！'"[10]武术一词是在中华人民共和国成立后才开始被广泛使用，国术队在表演时，还未有武术一词的使用，因此，外国人只能理解为功夫。

表1 郑怀贤等国术表演队巡演表

表演地点	表演项目
汉堡街道	飞叉等
汉堡动物园	查拳、双刀、绵掌、龙虎对棍、九节鞭、空手夺枪等
柏林露天剧场（正式表演）	飞叉等
不详	舞大刀、飞叉、双刀、九节鞭、空手夺枪等
法兰克福、明兴等	不详

国术表演队的第一场精彩谢幕后，翌日，又在汉堡动物园进行了表演，这次表演尽显了练武之人"台上一分钟，台下十年功"的磨砺，此次参赛表演时间只有十五分钟，表演项目又较多，时间显得较紧张，正如国术队领队郝铭所说："时间段不怕，只要安排紧凑，上十来个节目，也能够表现出国术的博大精深来！"[11]这次表演项目有：张文广的查拳、刘玉华的双刀、付淑云的绵掌、郑怀贤和寇运兴的龙虎对棍、金石生的九节鞭、温敬铭的空手夺枪等。

中国国术表演在国外受到了一致的好评，大会决定将其作为奥运会正式表演。国术表演一开始，就吸引了众多的眼光，轮到年近四十岁的郑怀贤上场时，只见他猛一顿脚，钢叉在空中刚闪过一道寒光，郑怀贤就已叮叮 飞舞开了。郑怀贤的钢叉在国内武术界颇负盛名，人称"飞叉太保"[12]。表演结束后，场上的掌声此起彼伏，观众反应强烈。

奥运比赛项目的惨败，使得国术表演队员也遭受冷落，安排到的地方没有人员接送，全靠国术表演队人员自己肩托器具，徒步寻路。且表演时间也被安排到十点以后（表演八点开始），靠后的表演早已使得观众无心观赏，这极大地影响国术表演队的情绪，如郑怀贤劝寇运兴道："我们好不容易来到奥运会宣传中国人的国粹，洋人越瞧不起咱，咱越应该露几手真功夫给他们看！"十点后，郑怀贤等国术表演队让众人精神抖擞，把所受到的不满和闷气全发泄在表演上，使得高潮一波接一波，这一天，寇运兴的舞大刀、郑怀贤的飞叉、刘玉华的双刀、金石生的九节鞭、温敬铭和张文广的空手夺枪等表演，展现了中国国粹的精华，演出完毕后，观众还意犹未尽。

之后，国术表演队还在法兰克福、明兴等城市也进行了表演，都引起了强烈的反响。

3.2.2 飞叉绝技响国威

郑怀贤出神入化的飞叉绝技，在国外一举成名，在奥运会表演时，也曾惊动过纳粹党首领希特勒。据文献记载，中国国术队的精彩表演征服了千千万万德国人，但在奥运正式比赛时，希特勒亲自前来观看中国国术表演，郑怀贤则在表演中使出了他擅长的飞叉，一柄飞叉在人手中使得宛若蛟龙戏水，出神入化，极具功力，形态又很优美。在参加的这届奥运会选拔赛中，郑怀贤总分列第 3 名，在这之前，中国国术表演队领队和副教练都感到紧张，一旦这次表演出事，关系的不仅仅是表演队的表演，而是国与国之间的摩擦。好在表演是有惊无险，未出任何差错，反而给中国的形象塑造添砖加瓦，使得国粹弘扬国外。

一石激起千层浪，飞叉绝技响云霄。郑怀贤的神秘飞叉绝技让众多的洋人为之惊叹。表演结束后，在招待会上，汉堡市市长也带着怀疑的态度向郑怀贤问道："白天在你身上没有发现什么东西，怎么那钢叉又不离身子呢？"[13]郑怀贤微笑着答道："这是长期刻苦磨炼的结果，其科学性就在于合理地掌握飞叉的重心和运行速度，没有别的奥妙！"[14]"冰冻三尺非一日之寒，功成名就非一蹴而就，"郑怀贤的飞叉绝技是历经了岁月重重的考验才有如此的辉煌。

4 弘扬武术，传程文明

郑怀贤飞叉绝技的奥运现世，是一个历史性的创作，飞叉看似简单的劳动工作，传承的却是中华文化的源远流长，宣扬的是中国精粹，引起的不仅是洋人的惊叹,就连蒋介石也连连称赞,据文献详述:郑怀贤的这手飞叉技艺威震全国,连蒋介石看了他的表演也为之倾倒,连说"这是国粹"[15]。这其中的文化积淀,胜过飞叉表演的精深。奥运表演是对中华传统武术的弘扬与演绎,精辟得诠释了武术的精髓,飞叉表演也将中华文明声名远播,同时也在奥运表演中,烙上了中华武术的烙印。

5 结论

历经沧桑巨变的郑怀贤,其经过飞叉求学漫路,历显岁月的沧桑,终因坚忍不拔的意志,站在了人生的高端,成为了"武医结合"的双料泰斗,其飞叉的巡演,不仅展现了郑怀贤台下十年功的高超绝技,同时,也透析出飞叉背后的中华命运,国外抬不起头,被寇以"东亚病夫"的帽子竟无以还口,国内经济萧条和国粹遭受冷落。但郑怀贤等一行人的国外表演尽显国人的威严和文化的富裕,吸引众多洋人的眼球,很好地弘扬了中华文明。

参考文献

[1] 旷文楠. 武林大家郑怀贤[J]. 中华武术,1995,07:29-30.

[2] 柏昱. 绝技写春秋——著名武术家郑怀贤先生传略[J]. 体育文史,1993,05:39-43.

[3] 晓盼. 郑怀贤与周恩来的武医情缘[J]. 武当,2015,10:42-45.

[4][6] 郝心莲,王国辉.《中华武林著名人物传》[M]. 南昌:百花洲文艺出版社,1998.

[5] 温佐惠. 飞叉[M]成都体育学院武术系审定. 北京:人民体育出版社,2012.

[7] 康瑞锋. 中国史一本通[M]. 北京:当代世界出版社,2010.

[8] 郑光路. 中华武术首次赴奥运会表演全纪录[J]. 党史文苑,2008,11:43-48.

[9] 韩红雨,马敏卿. 燕赵武术文化的生产与系谱兼论慷慨悲歌的人文精神传承[M]. 石家庄:河北人民出版社,2012.

[10] [12] 郑光路. 中华武术在1936年柏林奥运会[J]. 文史精华,2008,06:59-64.

[11] 郑光路. 中华武术首次赴奥运会表演全纪录[J]. 党史文苑, 2008, 11: 43-48.

[13] 郑勤, 田云清. 神奇的武术[M]. 南宁: 广西人民出版社, 1991.

[14] 江涌. 真相中国风云人物录上[M]. 北京: 中国文史出版社, 2013.

中国武术与中国传统医学结合的路径探析

邹 蓉 冉学东

【摘 要】中国武术与现代医学,运动生理学,运动心理学,中国传统医学,现代运动训练学,现代和古哲学等等都有着密切的关系,将中国武术与中国传统医学结合起来的是一门新兴的学科。大力发展中国武术与中国传统医学结合的研究,充分利用中国武术和中国传统医学中各自的优势,并与之完美地结合在一起,促进中国武术和中国传统医学的发展,是现代社会发展的必然需求,符合奥运竞技精神和国家战略中的全民健身目标。中国武术与中国传统医学的结合应该充分发挥武术运动的特点即外练筋骨皮,内练五脏气,兼修心神意功能作用与中国传统医学直接调理五脏六腑的功能作用,通过武术特殊属性动作、组合和套路的修炼,修复和强化筋骨皮,同时配合中医调内,强化身体各机能作用,促进身体机能的增强和强化等,两者结合在一起是一内一外,一动一静,符合阴阳学说原理,武术修炼主修外,为阳,为动,中医调理主修内,为阴,为静(相对论),同时,都对心神有着巨大的影响。

【关键词】中国武术;中国传统医学;结合;直接;路径

1 中国武术

中国武术作为中华文化的重要载体,集合了传统的天文、地理、兵法、中医、哲学等学科的重要精髓,它阐明了自然与人独到的关系,它是中华文化历史中的一颗璀璨明珠。中华武术以汉文化为基础,最早可以追溯到商周时期,具有极其广泛的群众基础,是中国劳动人民在长期的社会实践中不断积累和丰富起来的一项宝贵的文化遗产。是中华民族的优秀文化遗产之一。因为它不仅是一种技击的技术,而且具有极强的健身功效、文化底蕴与武德精神。武术是中华民族在长期的历史演变过程中不断变化、逐渐形成的一个运动项目。它深受中国人民的喜爱，也越来越受到世界众多国家和地区人民的重视和青睐。武术是体育项目，它明显区别于使人致伤致残的实用技击技术。套路运动中尽管包含了丰富的技击方法，但其宗旨是通过演练以提高人的身体素质和攻防能力，进行功力与技巧上的较量，在技术要求上与实用技术有一定的区别，散手运动的技术固然更接近于实用技术，但由于竞赛规则的规定，亦将其限制在体育竞技运动之内。总之，归结为一点，武术具有明确的体育属性，体育是当今武术的主要社会哲学、中医学、伦理学、兵学、美学、气功等多种传统文化思想和文化观念，注重内外兼修，诸如整体观、阴阳变化观、形神论、气论、动静说、刚柔说等等，逐步形成了独具民族风貌的武术文化体系。它内涵丰富，寓意深，既具备了人类体育运动强身健体的共同特征，又具有东方文明所特有的哲理性、科学性和艺术性，较集中地体现了中国人民在体育领域中的智慧结晶。它从一个侧面反映了东方的民族文化光彩。因此，从广义上讲，武术不仅是一个运动项目，而且是一项民族体育，是中国人民长期积累起来的一宗宝贵文化遗产。强身健体的基础是内强，也就是说没有内在的各系统的强胜，外在的肌肉、骨骼、关节、韧带等就不可能增强。武术运动的特点是通过动作、组合和各种套路的练习，在运动负荷（运动量和运动强度）的配合下，直接产生对外的影响，从而间接影响内在的各个系统。

2　中国传统医学

中国传统医学又被称为中医学（Traditional Chinese Medicine），是一种起源于中国，以古代中国汉民族的医学实践为主体的传统医学，至今已有数千年的历史。按照中国全国科学技术名词审定委员会审定的名词，中医学是"以中医药理论与实践经验为主体，研究人类生命活动中健康与疾病转化规律及其预防、诊断、治疗、康复和保健的综合性科学"。而中医，是"起源并形成于中国，具有整体观念、相似观（取象比类）、辨证论治等特点的医学"。中医是中国最具代表性的传统文化符号之一，是中国传统医学的总称，凝结着中华民族的智慧与才能。中医根植于中国传统文化的土壤，带有中华民族独特的印记。它不仅仅是医术，更包含了中国人对天地自然的理解和对生命的认知。"人以天地之气生，四时之法成"，顺应四时，可以"长有天命"，这些理念都凝聚了中国人特有的自然观、生命观和人文观。从古至今，中医以其独特的魅力和神奇的疗效，在中国医学界一直发挥着重要作用。现在，中医的博大精深更是引起世界的关注。中医把人体看成一个以心为主宰，五脏为中心的统一体，这个统一体可分为五个系统。这五个系统通过经络相互连结在一起，而以气、血、津液为其活动的物质基础，同时又通过相生相克而相互调节，维持整体水平的协调和平衡。这个统一体从另一角度可分为阴、阳两部分，这两部分既对立、相互制约又互相联系以维持平衡。同时，中医认为人与自然界以及社会有着密切的关系。这种整体观念贯穿于中医的生理、病因、发病、诊断、治疗、养生等领域。同时，我们可以发现，中医在整体观念的指导下，衍生出了一个重要观点，就是"平衡"，强调人与外界环境的平衡；强调人体内各部分的协调与平衡。内强的基础是脾胃，即消化系统，脾土不强，诸脏就不会强。中国传统医学在防病和养生方面主要是通过经络的推拿、穴位的点按、针灸、火罐等方法和手段，直接产生对内的影响，从而间接地为"外强"提供强有力的能量支持。

3 中国武术与中国传统医学相结合的内在依据

如今时代在进步、科学昌明，冷兵器时代已然过去，拳术武学应用于健康、为全民健身服务才是正途。武医结合就是在新形势下逐步形成的一门新兴学科，符合国家全民健身的战略，也符合武术在新形势下的发展需求。中国武术与中国传统医学相结合，博大精深，涉及学科甚广，如包括儒、释、道、武、医、兵等的中国传统思想文化，涉及生理学，运动力学，医学，生物化学等各个学科。研习者往往用尽毕生精力，也难穷尽其中之奥妙。所谓"闻道有先后、术业有专攻"，学习者众多，而体悟亦各有侧重，各有所长，各得其所。外要依靠内支撑，内不强，外就一定不会强，而外强，内却不一定强。内强的基础是脾胃，脾土不强，诸脏就不会强。身体运动的强壮与发展要依靠身体内部的强壮——即身体内部各系统的强与弱，没有内在的强有力的支持，外在是不可能强壮与发展的，五脏六腑的强，又要依靠脾胃对食物的消化吸收和运化等。没有能量的供给，其他腑脏就不能运行。"脾胃是后天之本",并有"内伤脾胃,百病由生"一说。脾胃是身体的轴心,脾和胃虽然是两个独立的器官,但它们的关系极为亲密。打个比方来说,胃像是一个粮仓,脾是运输公司。我们吃下去的食物先由胃初步研磨、消化,再由脾进行再次消化,取精华、去糟粕,把食物中的营养物质转运至全身。中医认为,讲脾不离胃,讲胃不离脾,脾胃是整体概念,包含了整个消化系统。脾与胃在生理上息息相关,在病理上也相互影响。胃功能不好,必然会影响脾的运化,所以在临床上,患者往往同时出现食欲不振、饭后腹部胀饱、消化不良等症状。脾胃之所以被称为"后天之本",主要因为人体的生命活动有赖于脾胃输送的营养物质,是生命健康的轴心力量。脾胃为后天之本,气血生化之源,关系到人体的健康,以及生命的存亡。元气虚弱是内伤疾病的主要成因,且脾胃气虚,元气不足,则阳气不能固护体表,故易感受外邪,不任风寒,说明不论外感内伤,皆与脾胃元气的充盛与否有关,"脾胃乃伤,百病由生"这一说法便由此而来。因此我们应该以脾土动作、经络、穴位为基础进行研究和实践,逐步对其他脏腑进行研究和实践。机体出现问题,首先是从五脏失衡开始,造成五脏失衡的原因很多,社会、环境、食物、人体自然现象(衰老),运动不当等,其解决的办法是有针对性地增强五脏的功能,调理五脏使之平衡。所以要想科学地指导人们健身、调理五脏平衡、增强五脏功能、提高免疫力和心神意的练习效果,就必须搞清楚武术动作的五行属性,以及相对应的五脏,同时还要掌握相对应的经络穴位,及其功能作用,以及运用的方法,这对有针对性的健身和调理具有重大意义。

  例如通过五行学说以及五行特征,搞清楚武术动作的属性以及与五脏之间的关系和其功能作用。其次在运用五行原理,进行属性动作练习,配合相对应的穴位经络刺激,主动地、有意识地、有针对性地引导能量到达需要修炼的位置,修复缺陷、增强功能,促进五行平衡,这也是武医结合的重要性。运用阴阳学说和阴阳特性,搞清楚武术套路、武术动作和组合的阴阳属性、特征,搞清楚武术套路、武术动作和组合的五行属性、特征,有助于我们运用这些武术套路、武术动作和组合,更加科学地、有效地为人的健康长寿服务;更加科学地、有效地为防病,治病服务。不懂得五行相生相克的道理,只是把各种武术动作融合在一起,有很多武术动作的功能和作用是相互冲突，相互克制的，它们非但对人体健康没有半点帮助，反而会损害身体健康。运用阴阳学说、五行学说、祖国传统医学中的经络学、诊断学、针灸推拿学等等，结合武术动作、组合和套路的特点、功能和作用，才能科学地提高身体素质，提高机体免疫力，生理机能，提高抵抗疾病的能力，增强气血，促进身体发育，开发人体潜能，促进脑部开发，提高记忆力和思维能力，提高身体素质，从而达到少生病到不生病，从记忆力差到记忆力强，从思维能力差到思维能力强，身体从弱小到强壮等目的。

4 中国武术与中国传统医学结合的基本路径

中国武术与中国传统医学的结合是一门新兴的学科，也是一个庞大的系统学科，与现代医学，运动生理学，运动心理学，中国传统医学，现代运动训练学，现代和古代哲学等等都有着密切的关系。是中国武术发展和社会发展所需求的。传统武医结合传承和发展的必然结果。因此中国武术与中国传统医学结合是符合全民健身战略目标和奥运竞技精神的，大力发展中国武术与中国传统医学结合的研究，并尽快研发出各类成果，是社会发展的必然结果和需求。所以，首先搭建理论研究与应用实践框架，并在实践当中不断地总结和完善。目前中国武术与中国传统医学结合在理论研究和应用实践等方面都是一片空白，所以必须尽快搭建一个系统化、规范化的理论研究与应用实践的平台；其次是成立各方面的研究团队，引进各类人才，编写中国武术与中国传统医学结合的教材，培养后备人才，加快进行研究成果的推广工作。文章通过对各大专业期刊和网上搜集的方法，查询了与中国武术和中国传统医学结合等有关的文献资料，与中国武术名家、著名的中医学专家等进行交流和探讨，了解中国武术与中国传统医学结合的信息，归纳总结后，我们认为：这方面的信息很少，主要有以下三种结合方式。

4.1 以运动竞技为取向的结合路径

以充分开发人体潜能快速突破身体极限——力量、速度、柔韧、灵敏、协调等为目的，符合奥运精神，和竞技目的，向更高，更强，更快等方面发展。为提高竞技水平，可配合中医的针灸、火罐、中药等方法和手段，而若想将两者结合，必须要有很强的多个专业的理论和实践知识，故不易推广。运用现代中医，特别是经络推拿、穴位针灸、火罐、药疗等方面的科研成果与实践手段和方法，结合竞技武术训练目标和发展等的需求，提高武术竞技运动技术水平，开发人体潜能，缩短出成绩的时间，延长运动寿命，促进身体进化，减少竞技运动训练对人体产生的损伤和伤害等。在运动或生活、工作中，因各种原因造成的机体损伤——关节、肌肉、韧带、骨骼等，通过中医运动损伤治疗手段和方法以及药物作用，来达到恢复机体功能作用的目的。如在29届奥运会游泳比赛中，就出现了运用中医的火罐的技术，帮助运动员修复机体的例证。这也是中医技术走向竞技赛场的必然结果。

4.2 以健身实施为取向的结合路径

以强化五脏六腑、调节阴阳平衡，促进健康长寿为目的。符合中国的全民健身战略，其原则是动作、组合或套路都要求简单、易学、易推广，功能作用明确，见效快，效果好，不需要专业知识。人们在大量体力劳动后，或运动时运动量过大，或工作量过大等，为防止机体疲劳过度对机体产生负面影响，通过中医经络推拿、点穴按摩、针灸、火罐、用药等方法和手段，达到缓解和消除疲劳的目的。

4.3 以康复理疗为取向的结合路径

人们在机体损伤，通过各种治疗基本恢复后，为加快恢复速度和恢复机体原有的功能作用，通过特殊动作和器械的锻炼，增强机体力量，特别是肌肉、韧带、关节的力量和运动幅度。如武术中的桩功练习，能帮助患者尽快恢复下肢力量；抡臂运动能帮助患者恢复肩关节运动幅度，还能防止肩周炎的产生；燕式平衡能帮助患者——特别是椎间盘突出者，尽快恢复腰肌和黄韧带力量，也能作为预防椎间盘突出的特殊练习方法。也有一些关于武术与气血、经络、穴位的研究和实践，一些根据医学理论创编的养生气功等，系统化、规范化地研究、实践与理论，且武术与中医结合的研究框架都还没有形成。

4.4 以学理机制为取向的结合路径

"医"诊治人的身体和心理。"诊"负责诊断人体机体、生理和心理等有哪些缺陷和弱点,"治"则是治疗这些缺陷和弱点。武术"修炼"的"修",意为修复人体的缺陷,包括机体生理和心理等方面,炼,是增强人体的机能、改善体质,提高免疫力,促进身体健康。要修复身体缺陷就需要能量,修炼的内容越多,所需的能量就越多。能量是食物通过脾胃的运化转化而来,能量的多少和能量的质量都跟脾胃的运化,其他脏腑的协同配合,以及五脏六腑的功能强弱有关。因此外在的强壮,首先要依靠内在的强壮为基础,特别是脾胃对食物精微物质的运化,因为人类的任何活动,包括身体活动和心智活动在内都需要能量的供应,能量的平衡是延缓衰老的关键,能量的质量和数量是增强身体活动能力和提高心智能力的关键,也是修复机体缺陷,强化机体功能的关键。

文章通过研究和分析认为:中国武术与中国传统医学的结合应该充分发挥武术运动的特点即"外练筋骨皮(主要是对肌肉、骨骼、关节、韧带等的直接影响),内练五脏气(间接影响五脏六腑)",兼修心神意等功能和作用与中国传统医学直接调理五脏六腑的功能作用,通过武术的特殊属性动作、组合和套路的修炼,修复和强化筋骨皮,同时配合中医调内,强化身体各机能的作用,促进身体机能的增强和强化,两者结合在一起是一内一外,一动一静,符合阴阳学说的原理,武术修炼主修外,为阳,为动,中医调理主修内,为阴,为静(相对论),同时,二者都对心神有着巨大的影响。

5 结束语

武术与中医研究与实践相对照,中医更详细,功能作用更明确,方法与手段更细、更多、更明确,中国武术对练外有着较为系统、科学和全面深入的研究,有着丰富的理论和实践经验,但对练内而言就差了很多(太极拳这方面的研究最好),动作、组合和套路的属性特征不明,功能作用不详细,因此,必须加强武术动作、组合和套路的属性研究和实践,明确其功能作用。武医要完美结合,要为竞技、全民健身和康复理疗服务,就要明确动作、组合、套路的功能作用和属性特征,运用属性特征与中医经络穴位等相结合,通过武术练习方法、手段与中医的推拿点按等手段和方法相结合,以强脾胃为主,以中医学基础理论、经络学、诊断学、针灸推拿学阴阳学说、五行学说等等为基础理论，主动练外练内，调理阴阳、五脏平衡，以运动训练学、运动生理学和个人身体素质、体质等为依据，达到确定运动负荷，提高运动效果的目的。充分利用中国武术和中国传统医学中各自的优势，并与之完美地结合起来，从而促进中国武术和中国传统医学的发展，这是现代社会发展的必然需求，符合国家战略中的全民健身的目标。

参考文献

[1] 全国体育院校教材委员会.《中国武术教程（上册）》[M]. 北京：人民体育出版社，2004.

[2] 谢宁.《中医学基础》[M]. 北京：中国中医药出版社，2012.

[3] 《图解经典》编辑部.《图解黄帝内经》[M]. 江西：江西科学技术出版社，2014.